프로젝트 발굴에
분석, 평가, 개선, 실행을
돕는 30개의 프레임

DIY

프 로 젝 트
매니지먼트
DIY툴킷

Development Impact & You

nesta

mysc

프로젝트 매니지먼트 DIY 툴킷

초판 1쇄 발행일 | 2017년 06월 03일
초판 2쇄 발행일 | 2021년 06월 14일

기획 | Nesta
발행 | (주)엠와이소셜컴퍼니(MYSC)
발행인 | 김정태
한국어판 기획 및 감수 | 윤지선
최종 감수 | 김정태
번역 | 방지현, 윤지선, 이예지
번역 지원 | 강에나, 김얼, 임소영, 장은희
디자인 | 나미소, 네모연구소
교정교열 | 김혜원
크라우드펀딩 기획 | 김혜원, 김원희

주소 | 서울시 성동구 뚝섬로1나길 5 헤이그라운드 G402호
전화 | 02-532-1110
팩스 | 02-6008-1126
이메일 | publish@mysc.co.kr
홈페이지 | www.mysc.co.kr

출판신고 | 제 2015-000064호
인쇄 | 네모연구소
ISBN | 979-11-85059-57-0 (13320)

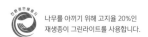

나무를 아끼기 위해 고지율 20%인
재생종이 그린라이트를 사용합니다.

이 책은 크라우드펀딩으로 출판되었습니다.

기획	지원

후원

디자인

DIY 툴킷은
여러분의 프로젝트가 더 좋은 성과를
낼 수 있는 방법들을 고안하고 적용하는데
도움을 드리기 위해 개발되었습니다.

이 툴킷은 다양한 분야에서 일하고 있는 실무자들을 돕기 위해서 만들어졌으며, 최대한 빠르고 쉽게 사용할 수 있도록 디자인되었습니다. 최근 프로젝트 분야에서 매우 다양한 툴이 사용되고 있는데, 이 책에는 실무자에게 가장 도움이 될 만한 툴을 엄선해서 실었습니다. 이 툴들은 현재 글로벌 분야뿐만 아니라 다양한 분야에서도 많이 사용되고 있으며, 그 효과성을 증명하는 많은 사례가 보고되고 있습니다. DIY 툴킷은 이러한 풍부한 사례를 바탕으로 만들어졌습니다. 더불어 각 장에서 다루는 툴에 관한 참고 문헌을 첨부하여 이 툴이 어떤 필요에 의해서 생겼는지, 어떻게 사용하면 되는지 설명하였으며 이를 통해 여러분의 이해를 돕고자 하였습니다.

이럴 때 사용해보세요 ·······························

아이디어를 실제로 실행에 옮기기 위해서 해야 할 일들을 미리 예측해보기

▽

혁신 흐름도 INNOVATION FLOWCHART

이 툴은 상대적으로 복잡한 툴이므로 여러 날에 걸쳐 진행하는 것이 좋습니다. 인풋 아웃풋이 전략적으로 고려되어야 하기 때문에 경험자, 동료들과의 논의가 필요하며, 한 번 완성한 후 다시 수정하는 것이 좋습니다.

출처 Nesta (2013) Innovation Flowchart.

01 DIY
혁신 흐름도 INNOVATION FLOWCHART

어떤 효과가 있으며
언제 사용해야 할까요?

혁신 흐름도(Innovation Flowchart) 툴은 혁신 과정의 각 단계에서 수행하는 여러 활동과 더불어 그 단계에서 필요한 것과 목표가 무엇인지 대략적으로 살펴볼 수 있는 툴입니다. 이 툴을 통해 프로젝트나 조직의 성공에 필요한 다양한 기술, 활동, 자금에 대한 개요를 확인할 수 있습니다. 이를 통해 여러분은 프로젝트가 현재 어느 단계에 와있는지 점검할 수 있을 뿐만 아니라 다음 단계를 준비할 수 있을 것입니다.

이 툴은 여러분이 어떤 자원에 초점을 맞추는 것이 좋을지 알려주어 프로젝트를 성장시킬 기회를 포착하도록 도와줍니다. 이 성장 기회는 여러분이 현재 어느 단계에 있는지, 고려할 사항들을 모두 생각해 보았는지 확인하는 과정에서 찾게 됩니다.

? 어떻게 활용하면 될까요?

아래의 워크시트는 혁신 과정의 다양한 단계에 대한 개요를 제공하며, 각 단계에서 해야 할 활동, 필요한 요소, 목표를 알려줍니다. 이 개요를 통해 여러분이 어느 단계에 있는지, 고려할 모든 사항들을 생각해 보았는지 확인할 수 있으며 또한 어떠한 요소에 특별히 집중해야 하는지 알 수 있도록 도와줄 것입니다.

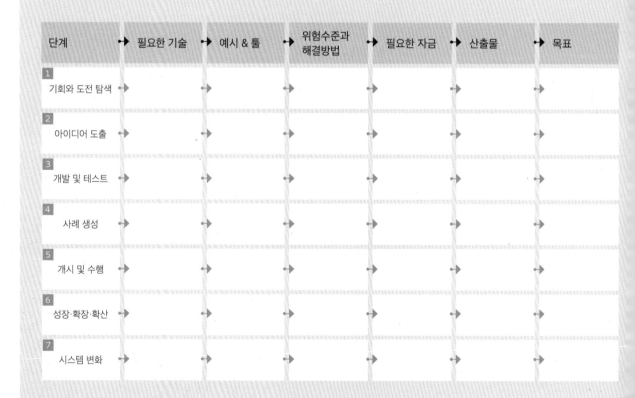

단계	→ 필요한 기술	→ 예시 & 툴	→ 위험수준과 해결방법	→ 필요한 자금	→ 산출물	→ 목표
1 기회와 도전 탐색 →	→	→	→	→	→	→
2 아이디어 도출 →	→	→	→	→	→	→
3 개발 및 테스트 →	→	→	→	→	→	→
4 사례 생성 →	→	→	→	→	→	→
5 개시 및 수행 →	→	→	→	→	→	→
6 성장·확장·확산 →	→	→	→	→	→	→
7 시스템 변화 →	→	→	→	→	→	→

아이디어를 실제로 실행에 옮기기 위해서 해야 할 일들을
미리 예측해보기

혁신흐름도
INNOVATION FLOWCHART

단계	필요한 기술	예시 & 툴	위험수준과 해결방법	필요한 자금	산출물	목표
1 기회와 도전 탐색	시험적 프로젝트를 위한 조사	SWOT 분석 툴 문제 정의 툴 원인 다이어그램 툴	실패할 위험은 낮으나, 아이디어 착수와 관련하여 분명한 결정이 필요	지원금	공식적인 연구조사 결과와 비공식적인 지식을 통해 얻은 아이디어	문제 및 기회의 명확한 정의
2 아이디어 도출	창의적인 아이디어 촉진과 도출	생각 모자 툴 빠른 브레인스토밍 툴 크리에이티브 워크숍 툴	높은 실패율의 분명한 인지 및 경험자의 인도가 필수	대체로 지원금, 때로는 다른 형태로 전환 가능	증거에 기반하나 과도하게 제약을 받지 않는 설명, 변화 또는 인과관계에 대한 분명한 설명	개발 및 테스트할 수 있는 아이디어 도출
3 개발 및 테스트	비즈니스 개발 및 평가 (디자인 및 수행 복합 능력)	경험 맵 툴 프로토타입 테스트 계획 툴 개선 트리거 툴	높은 실패율의 분명한 인지 및 경험자의 인도가 필수	지원금, 전환 가능한 지원금 및 대출	잠재적 사용자가 참여한 실제적인 테스트를 통해 개발된 강력한 사례 및 비용·이익 예측	아이디어 실현 가능성 설명 혹은 아이디어 재도출을 지원하기 위한 증거 설명
4 사례 생성	비즈니스 개발 및 평가	블루프린트 툴 사용자 & 솔루션 맵 툴 비즈니스 모델 캔버스 툴	평가 결과와 사용자 피드백에 기반하여 접근 방법 조정 준비	지원금 혹은 투자로부터 얻은 자금	잠재적 사용자가 참여한 실제적인 테스트를 통해 개발된 강력한 사례 및 비용·이익 예측	프로젝트 수행과 자금지원의 정당성
5 개시 및 수행	강력한 리더십, 관리 및 수행 능력	핵심과업 목록 툴 학습 사이클 툴 타깃 그룹 툴	프로젝트 수행을 위해 필요한 조정 준비	프로그램을 위한 펀드, 자본, 대출 및 지원금	공식적인 평가 및 정확한 임팩트 분석을 위해 비교 대상을 활용한 증거수집 과정을 거쳐 개발된 구체적인 사례	지속 가능한 혁신의 구현
6 성장·확장·확산	강력한 리더십, 관리 및 실행 능력	확장 플랜 툴 비즈니스 플랜 툴 마케팅 믹스 툴	충실도 평가가 중요하며, 수행 변화를 위한 뛰어난 역량이 필요	담보 대출, 성과배분제, 사회성과연계채권 (SIB:Social Impact Bond)	프로젝트 평가와는 별개로 다양한 부분에서 진행된 무작위 제어 실험에서 도출된 증거	혁신 혹은 임팩트 규모 확장
7 시스템 변화	강력한 리더십 및 관리, 새로운 리더와 팀의 선정 및 훈련	파트너십 구축 맵 툴 증거 계획하기 툴	의도하지 않은 잠재적인 결과의 도식화 필요	예상 결과에 기반하여 잠재적인 자금 재조달을 위한 다양한 금융 시스템 활용	창출되는 임팩트와 효율성의 측정 및 새로운 정의	기존 수행방식의 개선

아이디어를 실제로 실행에 옮기기 위해서 해야 할 일들을
미리 예측해보기

혁신흐름도
INNOVATION FLOWCHART

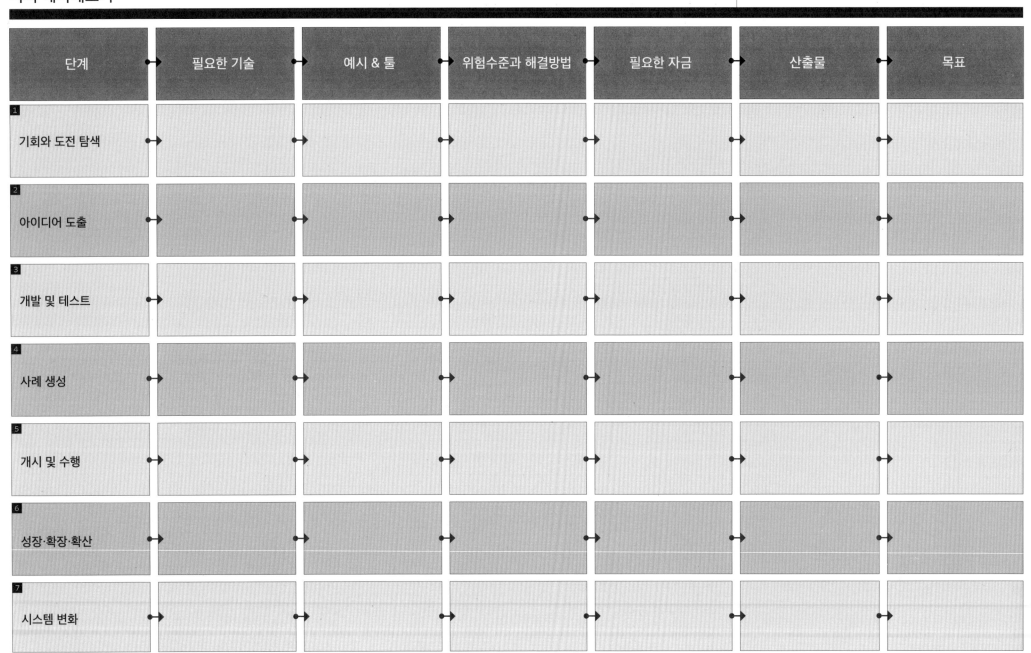

단계	필요한 기술	예시 & 툴	위험수준과 해결방법	필요한 자금	산출물	목표
1 기회와 도전 탐색						
2 아이디어 도출						
3 개발 및 테스트						
4 사례 생성						
5 개시 및 수행						
6 성장·확장·확산						
7 시스템 변화						

프로젝트의 아웃컴을 미리 예측해보기

▽

증거 계획하기   EVIDENCE PLANNING

이 툴은 동료들과의 대화가 필요합니다. 하루 정도 시간을 내서 동료들과 함께 워크시트를 채우고 소통할 수 있도록 미리 준비합니다.

출처   Nesta (2009) Worksheet 2b: Evidence Modelling. In: Creative Enterprise Toolkit

02 DIY

증거 계획하기 EVIDENCE PLANNING

어떤 효과가 있으며
언제 사용해야 할까요?

여러분이 특정 프로젝트를 시작하게 된 이유는 무엇입니까? **증거 계획하기 (Evidence Planning) 툴**은 여러분이 프로젝트를 통해 성취하고자 하는 바를 분명히 하고, 프로젝트를 개선하는 데 도움을 줍니다. 이 툴은 여러분이 하고자 하는 일과, 그 일의 기반이 된 가정과 증거가 무엇인지 정의하고 공유할 수 있는 간편한 방법을 제시해 줍니다. 이를 통하여 여러분이 하는 일이 어떻게 수혜자와 다른 조직, 사회에 영향을 미치는지 더욱 폭넓게 생각할 수 있도록 하며, 증거에 입각한 프로젝트를 구성하는 데 도움을 줍니다.

증거 계획하기 툴은 여러분의 프로젝트 효과를 예상해 볼 수 있는 체계적인 방법을 제공합니다. 이는 초기 단계에 발생할 수 있는 잠재적인 문제점이나 범하기 쉬운 실수를 미리 예측하는 것뿐만 아니라, 향후 여러분이 수정하거나 유지하고자 하는 것이 무엇인지 예상하는 일에 도움이 될 것입니다.

? 어떻게 활용하면 될까요?

먼저 워크시트 중앙에 여러분의 프로젝트 혹은 조직의 주안점을 적어봅니다. 그 다음 양 옆에 위치한 4개의 질문을 통하여 그 주안점에서 향상시킬 수 있는 것, 대체가 필요한 것에서부터 주안점이 직면하게 되는 한계까지 생각해봅니다. 여러분이 하는 일이 섹터 내에서 또는 다른 공공 및 민간부문에서 만들어낼 변화와 이 변화들이 사회에 미칠 영향에 대해서도 생각해봅니다. 이러한 과정은 여러분의 프로젝트를 통해 발생할 여러 가지 임팩트에 대하여 생각해볼 기회가 될 것입니다.

먼저 프로젝트의 핵심적인 부분을 다양한 관점에서 바라봅니다. 아래의 항목을 고려하면서 4개의 칸을 채워봅시다.

- 더 넓은 세상 (어떻게 하면 최대한 넓게 생각할 수 있을까?)
- 특별히 흥미를 느끼는 분야 (어떻게 하면 내가 흥미로워하는 분야를 통해 변화를 만들 수 있을까?)
- 프로젝트 수혜자 (프로젝트 수혜자에게 어떤 도움을 줄 수 있을까?)
- 나 자신 (프로젝트는 나의 일과 삶에 어떠한 영향을 미칠까?)

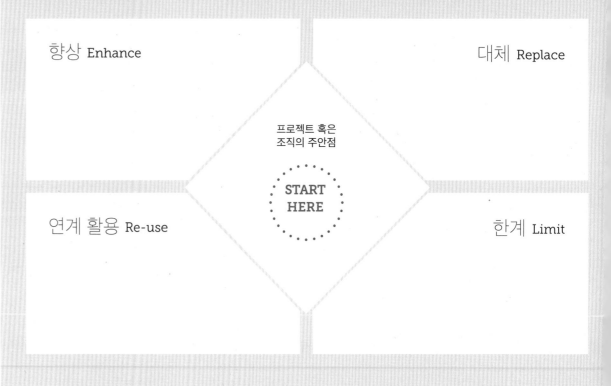

향상 Enhance

대체 Replace

프로젝트 혹은
조직의 주안점

START
HERE

연계 활용 Re-use

한계 Limit

프로젝트의 아웃컴을
미리 예측해보기

향상 Enhance

만들어내고자 하는 새로운 가치는 무엇입니까?

대체 Replace

빼거나 교체해야 할 부분은 무엇입니까?

프로젝트 혹은
조직의 주안점

연계 활용 Re-use

기존의 어떤 것과 연계됩니까?
기반이 되는 것은 무엇입니까?

한계 Limit

극단적인 상황에서 발생할 수 있는 부정적 영향으로는 어떤 것이 있습니까?

DIY

CASE STUDY

+ **툴**: 증거 계획하기
+ **기관**: UNDP KOSOVO
+ **국가**: 코소보
+ **분야**: 지역 거버넌스

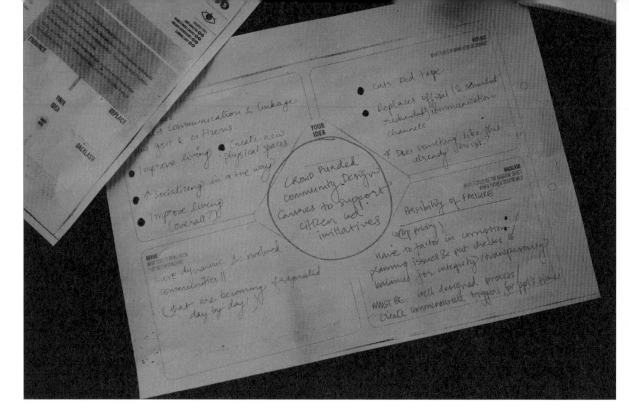

디자인과 및 건축과 학생들이 증거 계획하기 툴을 통해 얻은 산출물

지역주민들이 주도적으로 하는 활동을 돕기 위해 크라우드펀딩 메커니즘을 채택한 커뮤니티 디자인 센터에 주목하였습니다.

이 과정에는 아래의 목표가 포함되었습니다.

- 핵심 온라인 크라우드펀딩 사이트에 지역사회 개발을 위한 지역주민 동참 활동 계획을 등록하기
- 상품 개발, 파트너십 구축, 후속 자금 유치를 위해 지방자치 정부 관계자들, 디자인과 및 건축 전공 학생들 참여시키기

툴의 활용 이유

이 프로젝트는 초기 콘셉트 단계로서 타깃 그룹으로부터 참여자들을 모집하고 있었습니다. 우리는 이 툴을 통해 사고 범위를 넓힐 뿐만 아니라 우리에게 있던 아이디어를 새로운 관점으로 조명해 보고자 했습니다.

툴의 활용 방안

우리는 프리슈티나에 위치한 한 공립대 디자인 학부생 60여 명을 대상으로 이 프로젝트와 그 목적에 대해 발표하는 워크숍을 열었고, 학생들에게 되도록 많은 피드백을 얻고자 하였습니다.

이를 통해 우리는 학생들이 살고 있는 지역사회에서 이 프로젝트가 갖는 의미를 알 수 있었고, 프로젝트의 가장 중요한 이해관계자들인 지역주민들에게 아주 중요한 정보를 얻게 되었습니다.

이 툴을 이용하여 우리는 각각의 지역사회 구성원들이 어떤 이유로 프로젝트 참여를 결정하게 되는지 확인할 수 있었습니다.

또한 지역사회 구성원들의 참여를 이끌어내기 위해서는 제대로 구성된 절차가 필요함을 알게 되었습니다. 이는 주민들에게 대가 없이 시간과 노력을 요청해야 하는 어려운 상황에서 적용할 수 있는 아주 중요한 발견이었습니다.

툴의 활용 결과

워크숍에서 얻은 결과물을 통해 프로젝트에 가속도가 붙기 시작했습니다. 아래의 두 가지 측면에서 이 활동은 굉장히 유용했습니다.

• 각각의 지역사회 구성원들이 어떤 이유로 프로젝트 참여를 결정하게 되는지 확인할 수 있었습니다. (예를 들어, 예술전공 학생들은 미학 관련 프로젝트에 더 많은 관심을 보였습니다.)

• 또한 지역사회 구성원들의 참여를 이끌어내기 위해서는 제대로 구성된 절차가 필요함을 알게 되었습니다. 이는 주민들에게 대가 없이 시간과 노력을 요청해야 하는 어려운 상황에서 적용할 수 있는 아주 중요한 발견이었습니다.

DIY

+ **툴**: 증거 계획하기, 문제 정의
+ **기관**: TEEMAC
+ **국가**: 인도
+ **분야**: 교육

티맥은 선구자적인 교육자들과 함께 큐리어시티라는 전사적 자원 관리 (ENTERPRISE RESOURCE PLANNING; ERP) 플랫폼을 개발해왔습니다. 티맥은 이 ERP 플랫폼을 통해 교육기관들의 관행을 현대화하기 위해 교육관계자들과 협업해 왔습니다.

우리는 현재 대학생들을 과외 활동과 교내 이벤트에 연결시키는 플랫폼을 개발하고 있습니다.

현재 우리와 함께 일하는 대부분의 교육기관은 학생이나 대학 행정직원이 한 곳에서 정보를 읽을 수 없거나 업데이트를 할 수 없는 구형 게시판을 계속 사용하고 있습니다.

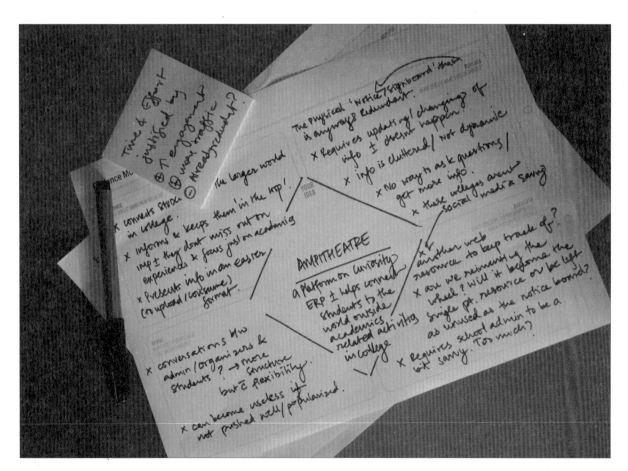

팀 토론을 통해 작성된 워크시트

티맥에서는 웹 도메인 개발, 비즈니스, 사용자경험 디자인 등 다양한 분야의 종사자들이 함께 팀을 이루어 일하고 있습니다.

툴의 활용 방안

우선 두 명의 팀원과 저는 워크시트를 인쇄한 후 함께 테이블에 모여 앉아 생각과 메모한 것들을 나누었습니다. 문제 정의 툴은 대부분 이미 우리가 알고 있던 점을 보여주었지만, 마지막 질문을 통해 아주 흥미로운 점을 발견할 수 있었습니다. 그 질문은 '이 문제를 다른 방법으로 생각해 볼 수 있습니까? 이 문제를 재구성할 수 있습니까?' 였습니다. 때때로 우리는 단순히 일차원적인 방법으로 문제를 발견하고 해결하려 하는데, 위의 질문은 우리가 문제를 다른 시각으로 바라볼 수 있도록 도와주었습니다.

증거 계획하기 툴을 이용한 워크시트도 아주 흥미로웠습니다. 워크시트의 빈 칸을 하나씩 채워가며, 우리가 발견한 증거가 솔루션을 지지하는가 또는 그 솔루션이 영향력을 가질 수 있는가에 대해 확신할 수 없음을 깨닫게 되었습니다. 이 때문에 워크시트를 완성한 후, 앞으로 어떤 방향으로 나아가야 하는지 혼란스러웠으며 각자의 의견이 서로 상충함을 발견하였습니다.

아직 우리가 '정답'을 찾지는 못하였지만 이 과정 자체가 아주 긍정적인 아웃컴이라는 것만은 확신합니다.

이 툴을 통하여 우리가 직관에 의존해 진행해왔던 전체적인 시스템 자체를 돌아보고 다시 생각할 수 있었습니다.

툴의 활용 결과

우리는 이러한 툴을 통하여 절대적인 확신을 가지고 진행하던 일에 물음표를 던지게 되었습니다. 이는 우리가 직관에 의존해 진행해왔던 전체적인 시스템 자체를 돌아보고 다시 생각하게 되는 계기가 되었습니다. 또한 이 툴은 우리가 하고자 하는 일을 더 깊이 이해하도록 도와주었습니다.

툴의 활용 이유

이 툴을 통하여 우리는 큐리어시티 플랫폼을 개발할 때 매우 이상주의적인 생각으로 진행했다는 점을 깨달았습니다. 우리는 파트너 기관들이 우리의 '직감'에서 뚜렷한 가치를 발견하지 못하는 경우에도 계속해서 직감을 따르는 경우가 많았습니다. 그래서 새로운 플랫폼의 개발에 착수하기 전에 우리는 직감이 아닌 증거에 기반한 접근법을 채택하고자 했습니다.

우리는 문제 정의 툴과 증거 계획하기 툴을 혼합한 형식을 사용하였습니다. 이는 우리가 해결하고자 하는 문제에 대해 논리적인 증거에 기반한 계획을 만드는 동시에 문제 정의도 할 수 있기 때문이었습니다.

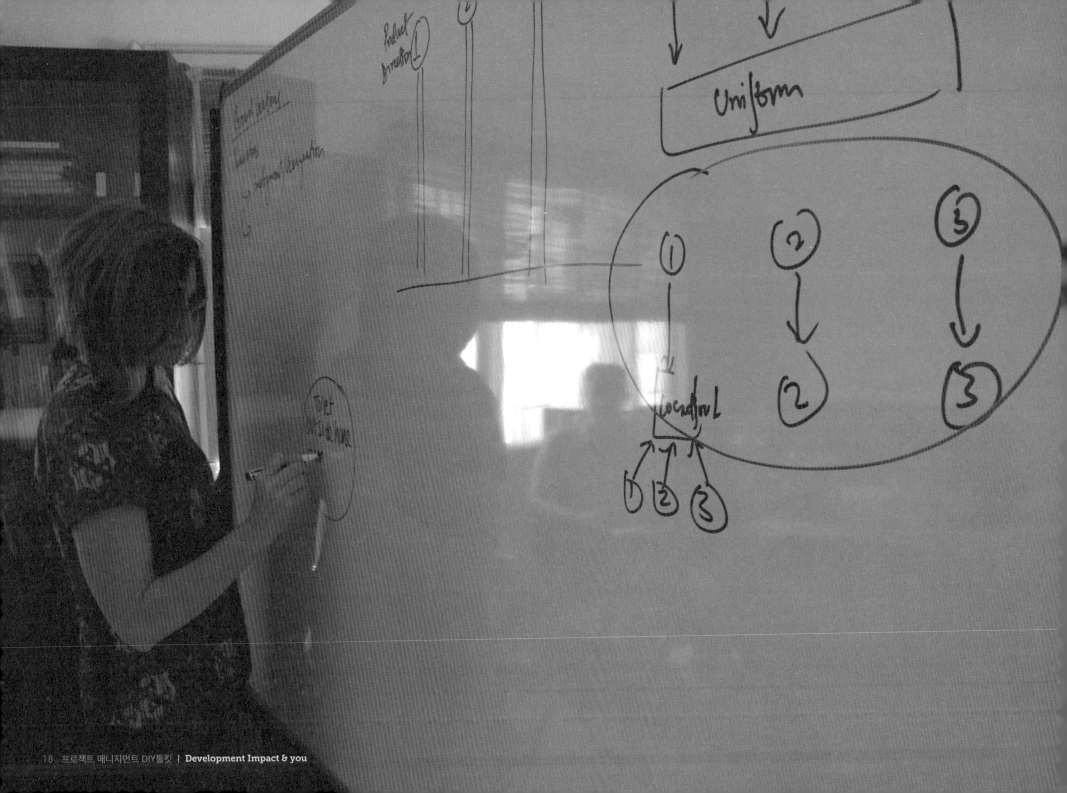

프로젝트의
현재 진행 상황과
다른 옵션을 고려해
명확한 계획 세우기

▽

SWOT 분석   SWOT ANALYSIS

이 툴은 동료들과의 대화가 필요합니다. 하루 정도 시간을 내서 동료들과 함께 워크시트를 채우고
소통할 수 있도록 미리 준비합니다.

출처   MindTools (1996) SWOT Analysis

어떤 효과가 있으며 언제 사용해야 할까요?

SWOT은 강점(Strength), 약점(Weakness), 기회(Opportunity), 위협(Threat)을 의미하며, **SWOT 분석(SWOT Analysis) 툴**은 특정 프로젝트나 조직 또는 특정 부문 전체에 적용할 수 있습니다. 이 분석은 프로젝트나 조직이 할 수 있는 것이 무엇인지, 프로젝트의 성공을 위해 보완이 필요한 주요 약점은 무엇인지, 외부 파트너의 지원이 필요한 부분이 어디인지 더 깊게 이해할 수 있도록 도와줍니다.

SWOT 분석은 프로젝트 목표를 달성하는 데 도움이나 방해가 되는 내·외부요인을 알아보고 도식화하는 일에 도움이 됩니다. SWOT 분석을 통해 현재의 전략과 방향을 검토할 수 있으며, 솔루션을 탐색하는 과정에서 아이디어를 시험해볼 수 있습니다. 이 SWOT 분석은 특히 프로젝트 착수 전에 수행하면 많은 도움이 됩니다.

? 어떻게 활용하면 될까요?

SWOT 분석은 조직 전체뿐만 아니라 개별 부서나 프로젝트 단위에서도 수행할 수 있습니다. 먼저 여러분 자신이 생각하는 프로젝트의 강점과 약점을 워크시트에 채워 봅니다. 이어서 프로젝트에 도움이 되거나 방해가 될 만한 외부의 기회와 위협을 나머지 두 칸에 적어봅니다.

워크시트를 작성할 때, 아래의 팁이 도움이 될 것입니다.

사전 준비를 해보세요: 분석을 시작하기 전에 미리 데이터를 준비합니다.

포괄적으로 생각해보세요: 프로젝트에 영향을 주는 아주 작은 부분(예: 팀 회의에서 제기된 미시적인 이슈)에서부터 큰 부분(예: 새로운 정부 규제)까지 모든 세부적인 사항을 포함시킵니다.

자기비판적인 태도로 생각해보세요: SWOT 분석은 비판적으로 프로젝트를 돌아볼 수 있도록 여러분을 자극하기 위한 방법입니다. 따라서 최대한 열린 마음으로 생각하며 방어적인 마음가짐을 버리도록 합니다. 강점이 있으면 약점이 있으며, 기회와 위협이 공존하는 것은 지극히 당연합니다. 때로는 약점이나 위협에 대하여 이야기하는 것이 강점과 기회를 인식할 수 있는 계기가 될 수도 있습니다.

외부 사람들과 함께 여러분의 분석을 테스트 해보세요: 여러분의 파트너 기관 등 외부 사람들이 동일한 작업을 수행하도록 한 다음 그들의 의견과 여러분의 분석 결과를 비교해 봅니다.

분석을 반복해보세요: 여러분이 프로젝트를 진행할 때 새롭게 배우는 점들이 분명히 나타날 것입니다. 그러므로 매 분기마다 혹은 1년에 두 번 정도 여러분의 프로젝트와 진행 과정을 재정비할 수 있도록 SWOT 분석을 반복해봅니다.

가이드로 사용해보세요: 하지만 동시에 이 SWOT 분석에 너무 의존하지 않도록 주의할 필요가 있습니다. SWOT 분석은 프로젝트 개선 방법을 모색하도록 도와주는 하나의 가이드로 사용하는 것이 바람직합니다.

강점 Strenghth

- 다른 사람들에게는 없는 자신만의 특별한 자원이나 가장 저렴하게 활용할 수 있는 자원은 무엇입니까?
- 다른 사람들과 비교하였을 때, 자신의 강점은 무엇입니까?
- 자신을 특별하게 만드는 점은 무엇입니까?
- 고객이 생각하는 자신의 강점은 무엇입니까?

약점 Weakness

- 자신이 향상시킬 수 있는 점은 무엇입니까?
- 피해야 하는 상황은 무엇입니까?
- 고객이 약점으로 여길 만한 것은 무엇입니까?

내부
요인

기회 Opportunity

- 사람들이 필요로 하는 것을 가지고 있습니까?
- 사람들이 선호할 만한 특별한 점이 있습니까?
- 기술적인 변화가 있습니까?
- 정부 정책에 변화가 있습니까?

위협 Threat

- 어떠한 문제에 직면하고 있습니까?
- 자신의 경쟁자는 어떤 일을 하고 있습니까?
- 기술의 변화가 여러분의 프로젝트를 더 어렵게 만들고 있습니까?
- 재정적인 어려움이 있습니까?

외부
요인

+ **툴**: SWOT 분석

+ **기관**: SANERGY

+ **국가**: 케냐

+ **분야**: 공중위생 (물, 위생)

저는 커뮤니티 내에서 활동하는 창업가의 소득 다각화를 위한 프로젝트를 진행하고 있습니다. 사실 저는 이 프로젝트를 통해 문제 자체를 해결하려고 시도하지는 않았습니다. 다만 몇몇 툴을 사용해 프로젝트의 다음 단계들을 예상해 볼 수 있을 것으로 예상하였습니다. 저는 SWOT 분석 툴의 워크시트를 작성할 때 프로젝트를 시작하기 2달 전이라고 가정하고 공란을 채워 나갔고, 이 툴을 자체 평가에 활용하게 되었습니다.

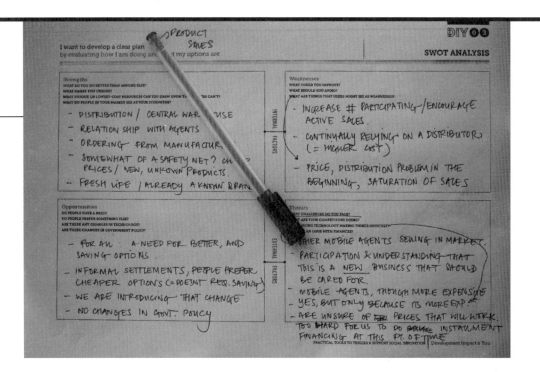

SWOT 분석 툴을 활용한 모습

SWOT 분석 툴은 아주 효과적이었고 진행 중인 프로젝트의 전체적인 그림을 볼 수 있도록 도와주었습니다.
만약 프로젝트의 초기 단계부터 이 툴을 사용하였다면 더욱 유용하고 효과적이었을 것이라고 생각합니다.

아이디어를
더 발전시킬 수 있는
방법에 대하여
명확한 계획 세우기

비즈니스 모델 캔버스 BUSINESS MODEL CANVAS

이 툴은 상대적으로 복잡한 툴이므로 여러 날에 걸쳐 진행하는 것이 좋습니다. 인풋 · 아웃풋이
전략적으로 고려되어야 하기 때문에 경험자, 동료들과의 논의가 필요하며, 한 번 완성한 후 다시
수정하는 것이 좋습니다.

출처 Osterwalder A., Pigneur Y (2010) Business Model Generation

어떤 효과가 있으며
언제 사용해야 할까요?

비즈니스 모델 캔버스(Business Model Canvas) 툴은 여러분이 무엇을 하고 있는지, 무엇을 하고자 하는지, 어떻게 그것을 수행할 것인지에 관한 개요를 한 장으로 보여줍니다. 이 개요는 여러분의 계획과 연관된 핵심 활동과 도전 과제는 무엇인지, 이 활동과 과제가 어떻게 서로 연관되어 있는지를 정리하여 경영 관리와 전략을 논할 때 짜임새 있는 대화를 할 수 있도록 도와줍니다. 오스터왈더와 피그누어가 처음 소개한 시각화된 캔버스 양식은 이미 존재하는 조직과 프로젝트뿐만 아니라 새롭게 시작하는 조직과 프로젝트에도 유용하게 쓰입니다. 이 툴을 통해 기존에 진행하던 프로젝트의 잠재적인 이익을 생각해보고 활동을 정비함으로써, 프로젝트 효율성을 높이는 동시에 새로운 계획을 개발하거나 기회를 발견할 수 있습니다. 한편 새로운 프로젝트를 시작할 때 여러분의 제안을 어떻게 실현할 것인지를 계획하고 풀어나가는 데 이 툴을 사용할 수 있습니다.

워크시트에 있는 요소들은 프로젝트를 수행하며 나타나는 각각의 활동과 자원을 밑거름으로 다양한 생각을 할 수 있도록 도와주며, 이와 동시에 전체적인 개요를 통하여 프로젝트의 각 요소들이 어떻게 함께 어우러지는지에 대해 새로운 관점을 제시합니다. 또한 이 캔버스는 그룹 토론을 진행할 때 더욱 집중하도록 도와주며 참여자들의 의견 차이를 좁히는 역할을 합니다.

❓ 어떻게 활용하면 될까요?

비즈니스 모델 캔버스를 완성하기 위한 가장 쉬운 방법은 여러분이 지금 하고 있는 일을 비즈니스 모델 캔버스 워크시트에 즉시 작성해 보는 것입니다. 이 툴은 캔버스의 다른 요소들을 채워 나가는 동안 에도 핵심 목표에 집중할 수 있도록 도와줍니다. 이 과정을 통하여 여러분이 프로젝트를 통해 이루고자 하는 목표를 구체화할 수 있으며, 다른 활동과 자원을 세부적으로 살펴봄으로써 구체화한 목표를 어떻게 성취할 수 있을지 생각해볼 수 있습니다.

먼저 캔버스 각각의 요소에 키워드를 추가합니다. 이때 포스트잇 을 사용하면 한 요소에서 다른 요소로 아이디어를 자유롭게 옮길 수 있습니다. 특정 고객층별로 색을 다르게 해서 표시하는 것도 좋 은 방법입니다.

그러나 첫 아이디어에 너무 얽매이지 않도록 유의해야 합니다. 같은 상품, 서비스, 기술에 대한 다른 대안적 비즈니스 모델을 세워봅니다.

이렇게 여러 가지 새롭고 혁신적인 비즈니스 모델을 분석해 봄으로써 새로운 방법을 실행해보고 배울 수 있습니다.

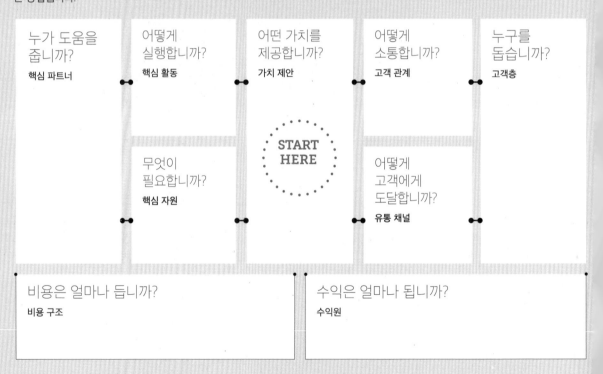

누가 도움을 줍니까?
핵심 파트너
- 누가 핵심 파트너·공급자입니까?
- 파트너십 형성을 위한 가장 중요한
  동기 부여는 무엇입니까?

어떻게 실행합니까?
핵심 활동
- 가치를 제안하기 위해 요구되는
  핵심 활동은 무엇입니까?
- 유통 채널, 고객 관계, 수익원 등을
  위한 가장 중요한 활동은 무엇입니까?

어떤 가치를 제공합니까?
가치 제안
- 고객에게 전달하고자 하는
  핵심 가치는 무엇입니까?
- 여러분의 가치는 고객의 어떤 필요를
  충족시킵니까?

어떻게 소통합니까?
고객 관계
- 타깃 고객은 여러분과 어떤 관계를
  맺고 싶어합니까?
- 업무를 하는 과정 속에서 어떻게
  고객과 소통할 수 있습니까?

누구를 돕습니까?
고객층
- 누구를 위해 가치를 창조합니까?
- 누가 여러분에게 가장 중요한
  고객입니까?

무엇이 필요합니까?
핵심 자원
가치를 제안하기 위해 필요한 핵심
자원은 무엇입니까?

어떻게 고객에게 도달합니까?
유통 채널
- 여러분의 고객은 어떤 채널을
  선호합니까?
- 어떤 채널이 가장 효과적입니까?
- 비용은 얼마로 예상됩니까?
- 이런 채널이 어떻게 여러분과 고객들의
  일상에 녹아들 수 있습니까?

비용은 얼마나 듭니까?
비용 구조
- 업무를 진행할 때 발생하는 가장 중요한 비용은 무엇입니까?
- 어떤 자원이나 활동에 가장 많은 비용이 듭니까?

수익은 얼마나 됩니까?
수익원
- 고객은 어떤 가치를 위해 기꺼이 대가를 지불합니까?
- 최근에 고객은 무엇을 어떻게 지불했습니까?
- 고객이 선호하는 지불 방식은 무엇입니까?
- 각각의 수익원은 전체 매출에 얼마나 기여합니까?

DIY

+ **툴**: 비즈니스 모델 캔버스
+ **기관**: SBCDOL-INCUBADORA DE EMPREENDIMENTOS SOLIDARIOS
+ **국가**: 브라질
+ **분야**: 사회적 기업가정신과 기술 개발

예술가들은 활동을 위한 공간 자체가 부족할 뿐만 아니라 빈약한 재정 및 마케팅 자원 등 심각한 인프라 부족을 겪고 있습니다. 그들은 뛰어난 기술과 열정을 갖고 있음에도 불구하고 적절한 임금을 제공하는 일자리가 부족한 어려움을 겪고 있습니다.

노 세구 씨아 지 빨랴쏘스의 두 팀원

노 세구 씨아 지 빨랴쏘스는 네 사람으로 이루어진 팀으로, 사랑의 경험이 필요한 이 사회에 광대 역할이 치유 도구가 될 것으로 믿고 있습니다. 이 그룹은 심리사회지원센터와 함께 광대 기술과 새롭고 창조적인 심리요법을 이용하여 신체적·정신적으로 불안정한 소외계층, 정신치료를 받고 있는 심리사회지원센터 멤버들을 돕고 있습니다. 이러한 일은 광대 일에 대한 열정이 있고 사회문제에 관심이 있는 광대 기술자들에게 많이 의존하고 있지만, 여전히 이들에 대한 소득 창출 지원이 부족한 실정입니다.

비즈니스 모델 캔버스 상의 카테고리들을 설명하는 작성자

완성된 캔버스를 통해 새로운 비즈니스 모델의 다음 단계를 논의하는 팀원들

툴의 활용 이유

우리는 노 세구 씨아 지 빨랴쏘스 팀의 활동과 자원을 확장할 방법을 찾도록 돕고 있습니다. 빨랴쏘스 팀이 어떤 서비스들을 제공하는지 잘 명시되어 있지만 비즈니스 관점에서 보면 빨랴쏘스 팀은 아직 초기단계에 위치해 있습니다. 우리는 비즈니스 모델 캔버스 툴을 통해 그들의 오랜 역사와 경험을 유지하는 동시에 전문성과 경쟁력을 보여줄 수 있는 새로운 가치 제안을 만들기로 결정하였습니다. 우리는 이 계획에 가능한 한 많은 사람들이 참여하도록 하고 그들에게 되도록 많은 도움을 얻고자 했습니다.

툴의 활용 방안

우리는 빨랴쏘스 팀이 하는 일에 연관성을 높이기 위해 툴을 조금 조정하고 그들의 상황에 맞는 질문들을 추가하였습니다. 또한 아이디어의 흐름을 원활히 하기 위해 활동을 두 부분으로 나누어 진행하였습니다.

브레인스토밍 단계: 우리는 일단 참가자들이 대답하고 싶은 질문들을 순서에 관계없이 선택하도록 하였습니다.

구체화 단계: 우리는 브레인스토밍 단계에서 비슷한 아이디어를 냈던 사람들을 팀으로 묶고 각 주제에 대해, 특히 가치 제안에 대해 조금 더 생각해 볼 것을 요청하였습니다. 이렇게 참석자를 나누어 진행함으로써 각 그룹이 더욱 자세한 내용을 도출해낼 수 있었습니다.

비즈니스 모델 캔버스 툴은 기업가적 경험이 없는 사람들에게 '비즈니스 씽킹' 이라는 개념을 알려주었습니다.

이 툴을 활용하여 빨랴쏘스 팀은 그들의 생각을 정리하고 앞으로의 구체적인 목표와 각 단계를 위해 필요한 상세한 활동 계획을 구상할 수 있었습니다.

툴의 활용 결과

비즈니스 모델 캔버스 툴은 기업가적 경험이 없는 사람들에게 '비즈니스 씽킹(Business Thinking)' 이라는 개념을 알려주었습니다. 또한 이 툴을 활용하여 빨랴쏘스 팀은 그들의 생각을 정리하고 앞으로의 구체적인 목표와 각 단계를 위해 필요한 상세한 활동 계획을 구상할 수 있었습니다. 더불어 이 툴은 모두가 사용하기 쉬운 언어로 제공되어서 별다른 비즈니스 교육을 받지 않은 사람들도 쉽게 이해하고 활용할 수 있었습니다. 캔버스 위의 질문에 답을 하며 매우 명확한 가치 제안을 구상할 수 있었고, 이 가치 제안을 통해 비즈니스 모델의 다른 분야를 개발할 수 있었습니다.

DIY

+ **툴:** 비즈니스 모델 캔버스
+ **기관:** SBCSOL - INCUBATOR DE EMPREENDIMENTOS SOLIDARIOS
+ **국가:** 브라질
+ **분야:** 사회적 기업가정신과 기술 개발

상파울루 남쪽 해안에 위치한 크리케 카이사라는 지역 주민 7명이 모여 만든 그룹입니다. 이 그룹은 전통적인 커뮤니티에 속해있으며 NGO의 지원을 받고 있습니다.

이 그룹은 문화와 환경의 보존 및 공예가의 노하우를 이용한 일자리 창출을 목표로 하고 있습니다. 이들은 지역에서 자라는 나무 등을 활용해 교육완구, 액세서리, 가정용품 등 다양한 상품을 만들고 있습니다.

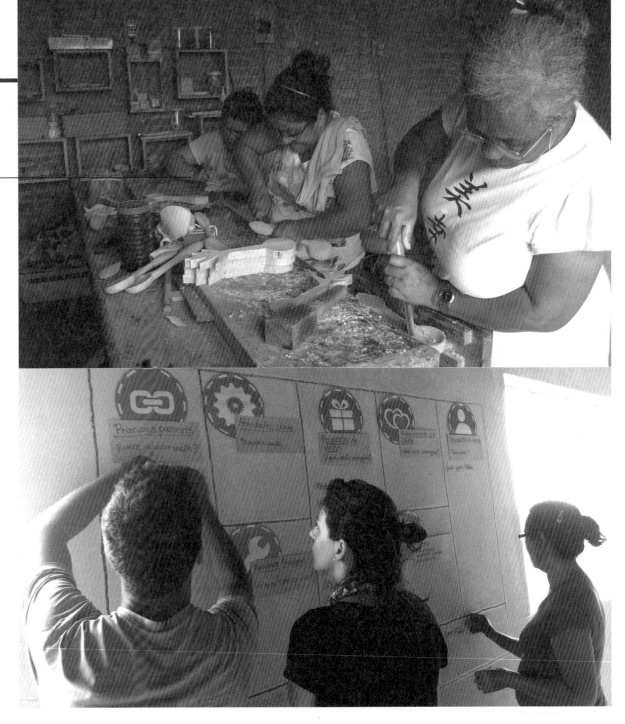

[위] 워크숍에서 공예품을 만들고 있는 공예가들 / [아래] 비즈니스 모델 캔버스 작성에 참여하고 있는 지역 주민들

툴의 활용 이유

우리는 사회적 기업이 지역 환경과 예술에 매우 민감하다는 사실을 알고 있었고, 이러한 점을 고려하여 이 기업이 지니고 있던 강점을 기반으로 비즈니스 모델을 세우고 싶었습니다. 또한 우리는 가능한 한 많은 지역 주민의 참여를 통해 사업계획을 만들어가고 싶었고, 이를 통해 지역 주민들이 원하는 방향으로 사업을 이끌어갈 수 있기를 원했습니다.

툴의 활용 방안

이전까지는 사업 활동에만 집중해왔지만 이 툴을 이용하여 모든 측면을 하나로 정리해 본 결과, 사업 내의 다른 요소와 활동을 연결할 수 있다는 점을 발견하였습니다. 캔버스에 내용을 채워 넣기 시작하면서 주요 활동들이 의미 있는 핵심요소가 된 것입니다. 이 활동을 통해 사업의 모든 영역을 포함한 업무흐름도를 만들 수 있었을 뿐만 아니라, 각 영역의 책임자도 정할 수 있었습니다.

우리는 사회적 기업이 지역
환경과 예술에 매우 민감하다는
사실을 알고 있었고,
이러한 점을 고려하여 기업이
지니고 있던 강점을 기반으로
비즈니스 모델을 세우고
싶었습니다.

툴의 활용 결과

비즈니스 모델을 한 장에 정리하는 활동은 사업의 여러 관점들 사이에서 연결고리를 찾는 기회가 되었습니다. 또한 이를 통해 새로운 아이디어를 창출해내고 심지어 이미 알고 있던 정보의 용도를 새롭게 바꿀 수 있었습니다. 비즈니스 모델 캔버스 툴은 영역 간의 토론을 가능하게 했는데, 같은 사람이 각기 다른 역할을 소화하는 작은 규모 그룹에게 매우 소중한 기회였습니다.

비즈니스 모델 캔버스 툴은 그룹 멤버 모두의 활발한 참여를 이끌어내는 데 중요한 역할을 하였으며, 멤버 각자가 원하는 점을 짧은 시간 안에 포착할 수 있도록 하였습니다. 이 툴은 또한 공예가에게 비즈니스 개념을 소개하는 데 유용하였으며 그들이 구체적인 목표에 집중하게 함으로써 기업가적 관점을 얻도록 하는 데 도움을 주었습니다.

이 워크숍을 통하여 우리는 업무시간관리 능력을 개선시킬 수 있었으며 기술 활용도를 높이게 되었습니다.

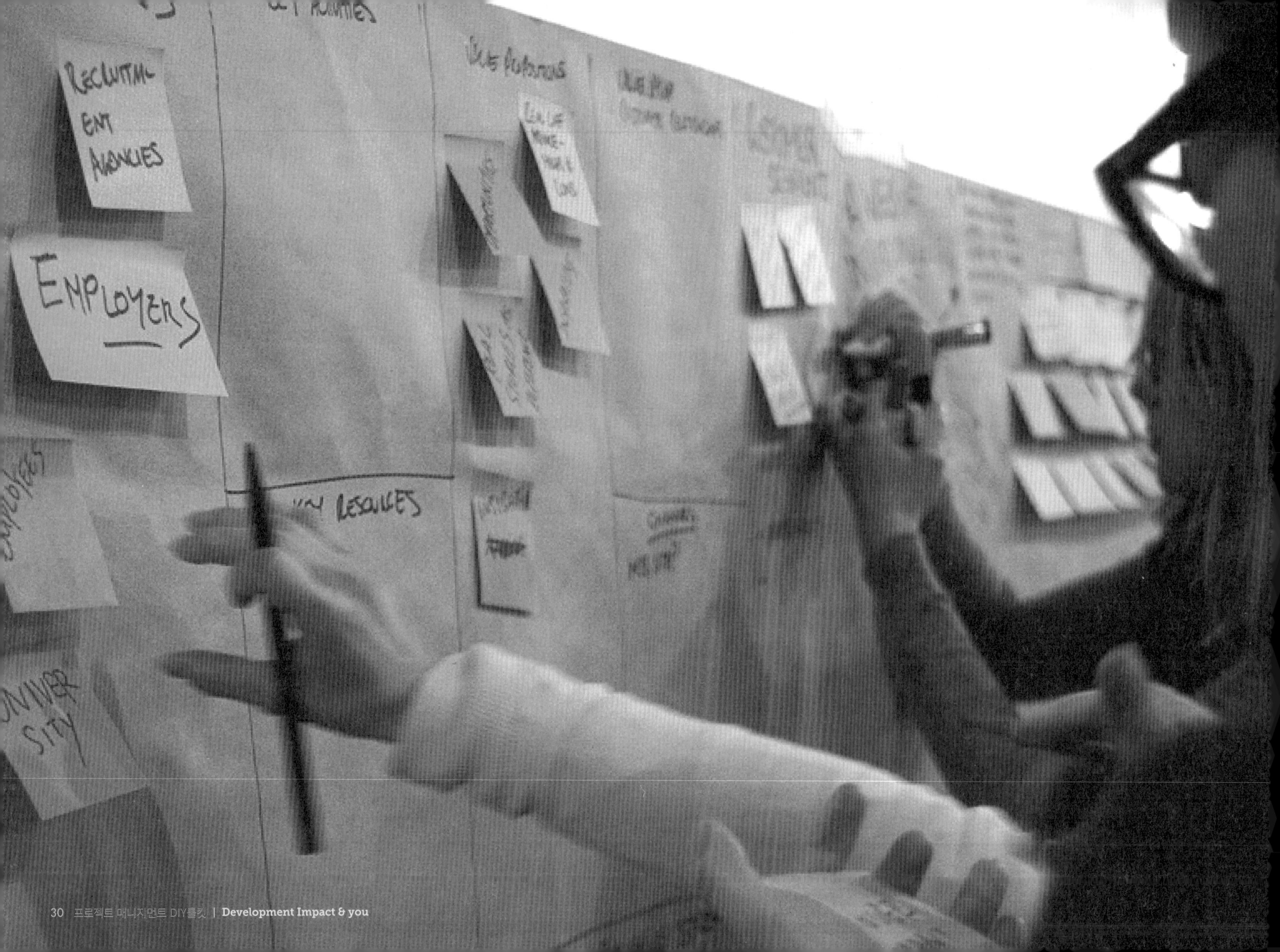
EMPLOYERS
UNIVER SITY

같은 비전을 갖고 있는
그룹과 협업하기 전에
명확한 계획 세우기

파트너십 구축 맵 BUILDING PARTNERSHIPS MAP

이 툴은 상대적으로 복잡한 툴이므로 여러 날에 걸쳐 진행하는 것이 좋습니다. 인풋 · 아웃풋이
전략적으로 고려되어야 하기 때문에 경험자, 동료들과의 논의가 필요하며, 한 번 완성한 후 다시
수정하는 것이 좋습니다.

출처   Tennyson R. (2003) 12 Phases in the Partnering Process. p4. In: The Partnering Toolbook

어떤 효과가 있으며
언제 사용해야 할까요?

대체로 복잡한 문제들은 각기 다른 형태로 존재하지만, 동시에 서로 연관된 원인이 있으며 그 원인에 영향을 받습니다. 하지만 여러 조직들은 서로 연관된 문제를 각자 해결하고자 노력합니다. 많은 조직이 한정적인 자원을 가지고 있다는 점을 고려하면, 이 조직들이 파트너십을 맺는 것은 조직의 역량을 키울 수 있을 뿐만 아니라 더 많은 고객에게 도달할 수 있다는 장점이 있습니다. 또한 파트너십은 서로 공통의 이해를 갖도록 도와주며, 다양한 관점을 통해 분산된 지식을 더욱 견고하게 구축하는 역할을 합니다.

하지만 파트너십 구축을 위해서는 모든 프로젝트 참여자가 상당한 노력을 기울여야 한다는 점을 잊지 말아야 합니다. 효과적인 협업을 위한 좋은 파트너십 구축은 제법 많은 시간을 필요로 합니다. **파트너십 구축 맵 (Building Partnerships Map) 툴**은 이 과정을 단계별로 구분하여 여러분 앞에 놓인 어려움과 도전 과제를 예상할 수 있도록 돕습니다.

❓ 어떻게 활용하면 될까요?

파트너십 구축 맵은 파트너십 구축을 위한 일련의 단계를 설명합니다. 이 맵은 파트너십 구축을 하기 위하여 각 단계별로 필요한 요소를 제시하며, 규칙보다는 지침으로 활용하면 좋습니다. 워크시트를 보면 알 수 있듯이 모든 단계가 중요하기 때문에, 파트너십이 균형을 유지하고 이를 통해 목표를 달성할 수 있도록 어떤 단계도 소홀히 해서는 안 됩니다.

성공적인 파트너십이 형성되기 위해서는 이 파트너십을 맺고 있는 모든 파트너에게 유익해야 합니다.

파트너십 구축 맵 툴은 여러분과 여러분의 파트너가 파트너십의 어떤 단계에 위치해 있는지 분석할 수 있도록 도와주며, 더욱 견고한 파트너십을 맺고 다음 단계로 나아가는 데 도움을 줍니다.
- 여러분이 현재 있는 단계를 확인합니다.
- 여러분이 나아가기를 원하는 단계를 확인합니다.
- 원하는 단계로 나아가기 위해 완성된 워크시트를 활용합니다.

이 워크시트를 통하여 두 조직이 파트너십을 구축하고자 할 때 해야 할 활동들을 알 수 있습니다.

같은 비전을 갖고 있는 그룹과 협업하기 전에
명확한 계획 세우기

탐색하기

도전과제를 이해하고
정보를 모으며, 이해관계자
및 잠재적인 외부 자원
제공자들과 협의를 합니다.
파트너십의 전망과 이상적인
파트너십을 그려봅니다.

1

확인하기

잠재적인 파트너를 확인하고
가능하다면 참여를 합니다.
함께 일하도록 동기를
부여하고 권유합니다.

2

구축하기

파트너십을 뒷받침하는 목표,
목적, 핵심 원칙에 동의하는
과정을 통해 협업관계를
구축합니다.

3

계획하기

활동을 계획하고 공동
프로젝트의 기획을 시작합니다.

4

관리하기

중장기 적으로 파트너십의
구조와 관리를 분석합니다.

5

자원 동원하기

파트너와 후원자의 유·무형
자원을 확인하고 동원합니다.

6

지속하기 또는 종료하기

지속가능성을 도모하거나
파트너십의 적절한 종료에
대해 서로 동의합니다 .

12

제도화하기

장기적인 약속과 지속성을
보장하는 파트너십을 위해
적절한 구조와 메커니즘을
구축합니다.

11

개선하기

경험에서 얻은 교훈을 통해
파트너십이나 프로그램 또는
프로젝트를 수정합니다.

10

검토하기

다음 질문 등을 통해 파트너십을
검토합니다.
- 각 파트너 기관에게
  파트너십의 임팩트는
  무엇입니까?
- 파트너 구성의 변화를
  고려해야 할 시기는
  아닙니까?

9

측정하기

다음 질문 등을 통해 임팩트와
효과(아웃풋과 아웃컴)를
측정하고 발표합니다.
- 파트너십이 기대했던
  목표를 성취하고 있습니까?

8

실행하기

자원을 확보하고 프로젝트
세부사항에 동의했다면,
사전에 동의한 일정에 따라
실행합니다. 이 과정을
통해 구체적인 결과물이
만들어지는 것이 가장
이상적입니다.

7

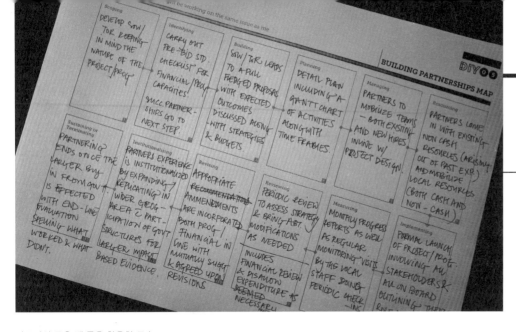

파트너십 구축 맵 툴을 활용한 모습

+ **툴**: 파트너십 구축 맵

+ **기관**: FHI360

+ **국가**: 인도

+ **분야**: 공중 보건, 영양과 위생

마디야 프라데시 기술지원팀은 마디야 프라데시 보건분야 개혁 프로젝트의 한 부분을 담당하고 있으며, 보건, 영양, 물, 위생 부문을 향상시키기 위해 16개 지역으로 구성된 마디야 프라데시 주의 보건부를 지원하고 있습니다.

이 프로젝트를 통해 우리는 가까운 장래에 마디야 프라데시 주에 거주하는 이들에게 수준 높은 보건 서비스를 제공할 수 있을 것으로 예상하고 있습니다. 이는 크고 작은 규모의 이해관계자들과 구축한 파트너십을 통해서 가능할 것이며, 지속가능하고 비용 효율이 높은 방법이 될 것이라고 예상합니다.

현재 우리는 총 7천2백만 정도의 인구가 거주하는 8개 지역에서 함께 프로젝트를 진행할 다양한 파트너들을 알아보는 중입니다.

• NGO는 프로젝트의 초기단계에서 프로그램 평가, 중간단계에서 연구조사, 마지막 단계에서는 임팩트 평가를 수행할 것입니다.

• 역량개발 NGO는 PLA* 모듈 개발과 수정을 담당하며, 정보관리시스템을 필요한 곳에 운영하는 일을 수행합니다.

• 프로젝트 수행기관들은 PLA 모듈을 실제로 사용하게 될 것입니다.

• 기관은 정부 대응 관계자에게 기술 지원을 제공하며 정부를 대신해 인력을 채용하고 관리할 인적 관리기관을 관리할 수 있도록 돕습니다.

* PLA (Participatory Learning and Action)
행동연구의 한 형태로, 다양한 그룹과 개인이 협조적인 방법으로 함께 배우고 일하고 행동할 수 있도록 하는 실용적이고 조정 가능한 연구 전략입니다. 이를 통해 보다 민주적이고 협조적인 방법으로 그들이 공통으로 가지고 있는 문제에 집중하고, 방해요소가 무엇인지 알아보며, 긍정적인 해결방법을 만들어낼 수 있습니다.

툴의 활용 이유

이렇게 다양한 프로젝트 개입 동기를 갖고 있는 각기 다른 레벨의 파트너들을 동원하는 것은 우리에게 굉장한 도전이었습니다. 그래서 우리는 파트너십 구축 맵 툴을 활용하였고, 이를 통해 네 분야의 특정 이해관계자들의 참여가 어떻게 진행될지를 미리 예상해 볼 수 있었습니다.

툴의 활용 결과

이 툴은 파트너십을 구축하기 위해 필요한 개념들을 분석하고 분류하는 데 효과적이었고, 이 과정을 통해 아주 사소한 부분까지도 놓치지 않을 수 있었습니다.

현재까지의
작업을 검토하여
프로젝트를 개선할
명확한 계획 세우기

▽

학습 사이클   LEARNING LOOP

단순하며 혼자 실습해 볼 수 있는 툴로써 비교적 적은 시간이 소요됩니다.

출처   IDEO (2011) Deliver: Create a learning plan, p145. In: IDEO. Human Centered Design Toolkit. Edition 2. London. IDEO

어떤 효과가 있으며
언제 사용해야 할까요?

학습은 연속해서 진행되는 순환 과정이라고 할 수 있습니다. **학습 사이클 (Leaning Loop) 툴**은 여러분이 현재 수행하고 있는 일을 통하여 다음 단계에 할 일을 알 수 있도록 도움을 줍니다. 이 툴은 사회를 변화시키는 단계가 어떻게 점진적으로 세분화될 수 있는지에 관해 수준 높은 관점을 제공합니다.

IDEO의 『학습계획(Learning Plan)』(2011)에서 영감을 얻은 이 워크시트는 여러분의 업무가 지속적으로 개선되는 순환 구조 속에서 나타나는 네 가지 단계를 보여줍니다. 이 툴을 사용함으로써 여러분이 새로운 아이디어를 실행하고자 할 때 발생하는 다양한 단계를 이해할 수 있습니다. 이렇게 연관된 과정을 생각하는 것을 통해 다음 단계에 해야 하는 일을 더욱 잘 이해할 수 있게 됩니다.

❓ 어떻게 활용하면 될까요?

학습 사이클 툴은 여러분이 프로젝트 계획을 짜고 작업할 수 있는 체계를 제공합니다. 네 개의 구성요소는 각각 조직의 작업 방법, 시스템, 작업 과정과 연관되어 있습니다. 이는 여러분의 조직이 실제로 성공과 실패의 경험을 통해 지속적으로 학습하고 개선하고 있는지 검토하게 도와줍니다.

먼저 학습 사이클 워크시트에 있는 칸을 각각 채워봅니다. 학습 사이클 과정은 정해진 시작 지점이나 종료 지점이 없으므로 새로운 프로젝트를 기획하기 위해 또는 진행 중인 프로젝트를 기록하기 위해 자유롭게 사용할 수 있습니다. 기본적으로 스토리, 피드백, 성과를 수집하여 얻은 학습 내용은 다음 단계를 재고하고 개선하는 데 도움이 될 것입니다.

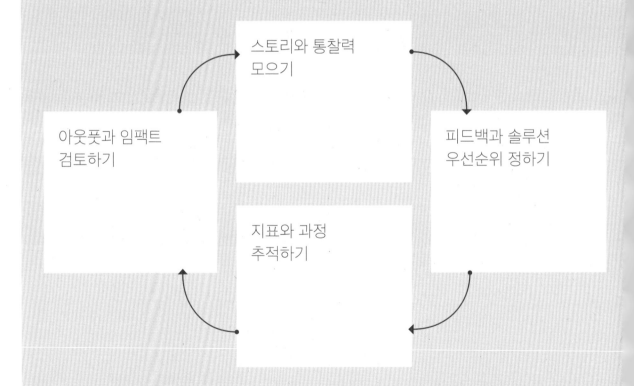

스토리와 통찰력 모으기

피드백과 솔루션 우선순위 정하기

지표와 과정 추적하기

아웃풋과 임팩트 검토하기

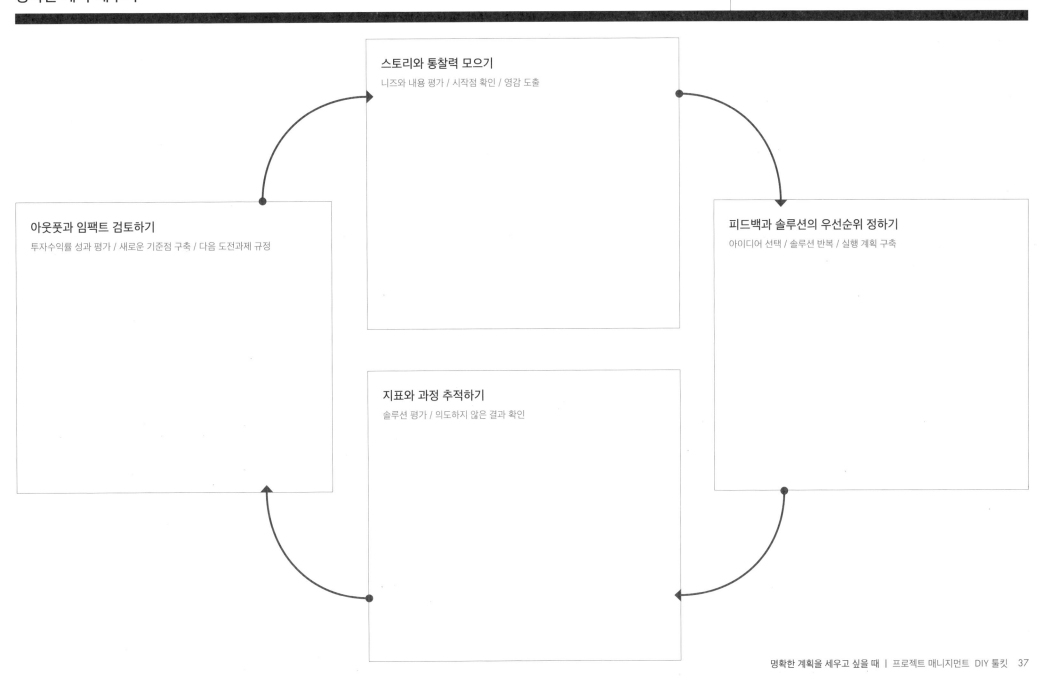

스토리와 통찰력 모으기

니즈와 내용 평가 / 시작점 확인 / 영감 도출

아웃풋과 임팩트 검토하기

투자수익률 성과 평가 / 새로운 기준점 구축 / 다음 도전과제 규정

피드백과 솔루션의 우선순위 정하기

아이디어 선택 / 솔루션 반복 / 실행 계획 구축

지표와 과정 추적하기

솔루션 평가 / 의도하지 않은 결과 확인

DIY

CASE STUDY

+ **툴:** 학습 사이클
+ **기관:** FHI360
+ **국가:** 인도
+ **분야:** 공중보건, 영양, 물, 위생

제가 해결하고자 했던 문제는 공중
보건 및 영양 분야에서의 핵심적
사회지표인 산모와 유아 사망에 대한
미보고 혹은 과소보고였습니다.

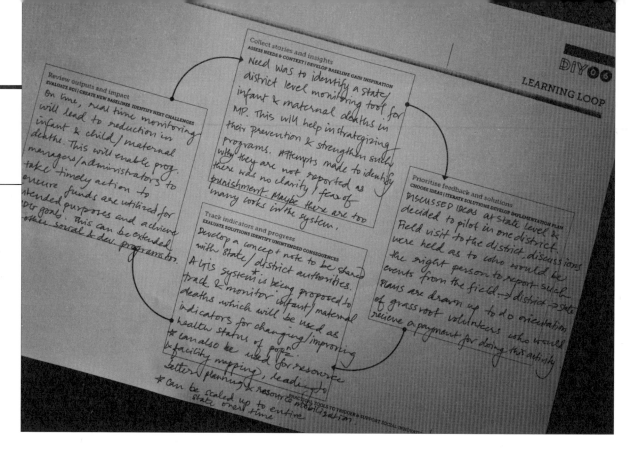

학습 사이클 틀을 활용한 모습

저는 MPTAST라는 조직의 대표이며, MPTAST는 보건과 가족복지, 여성
아동 개발부터 소도시 개발 분야까지 많은 분야에서 마디야 프라데시
지역의 정부기관에 기술 자문과 관리를 지원하고 있습니다.

미보고 및 과소보고는 그 자체로 문제가 될 뿐만 아니라, 산모 및 신생아
사망자 수를 감소시키는 데 실제로 도움이 되는 행정 조치를 방해한다는
면에서 더 큰 문제로 이어집니다.

툴의 활용 이유

저는 솔루션 모색에 관련된 모든 이해 관계자들과 함께 학습 사이클 툴을 사용 했습니다. 성과관리 전문가와 우리 팀의 서비스 제공 담당자가 시범 사업을 운영 중인 지역 중 한 곳에 방문하여 산모와 신생아 사망 신고를 더 빨리 보고할 수 있는 경로가 있는지 알아보았습니다. 또한 보건복지 전문가, 마을 단위의 자원봉사자, 영양전문가를 포함한 다양한 이해 당사자 들이 모여 지역 주민이 이 문제에 대해 얼마나 잘 알고 있는지, 그리고 이러한 미보고 및 과소보고의 원인이 무엇인지 함께 논의하였습니다.

툴의 활용 결과

우리는 결과물을 인도 정부가 개발한 온라인 모니터링 시스템을 문제해결에 활용하였습니다. 이 시스템은 정자와 난자 가 수정된 직후부터 영아가 한 살이 될 때까지 정부가 산모들에게 제공하는 혹은 앞으로 제공하려 계획 중인 다양한 서비스 를 관리하는 시스템입니다. 시범 사업에서 발견한 문제나 새롭게 알아낸 점을 토대로 우리가 개발한 시스템을 도입하고자 하는 지역 보건부와 논의하는 과정을 거쳤습니다. 또한 우리는 지역 정부기관뿐만 아니라 주 정부에도 이 새로운 시스템을 소개했으며, 산모와 영아 사망 문제를 관리하고자 하였던 주 정부의 동의를 쉽게 얻을 수 있었습니다.

이 툴을 통해 사회 현상과 그 현상을 다루는 방법 간의 관계를 아주 간결하고 명백하게 이해할 수 있었습니다.

이 툴은 혁신적 솔루션이 필요한 모든 사회지표에 이용할 수 있을 것입니다.

학습 사이클 툴은 지역 간, 그리고 지역 내의 차이점들을 이해하는 데 도움이 되었습니다. 이뿐만 아니라 차이점의 원인을 이해하고 시기 적절한 조치를 취하도록 지역 당국에 알리는 데 도움이 될 것입니다. 또한 이 툴을 통해 사회 현상과 그 현상을 다루는 방법 간의 관계를 아주 간결하고 명백하게 이해 할 수 있었습니다. 이 툴은 혁신적 솔루션이 필요한 모든 사회지표에도 이용할 수 있을 것입니다.

우리는 현재 시범 사업을 하여 얻은 결과를 기반으로 개념을 정리하는 중이며 곧 이 개념을 소개할 예정입니다. 이를 통해 시범 사업을 넘어 주 정부의 지원을 받을 수 있기를 바라고 있습니다.

직접 체험하여
우선순위 알아보기

체험여정 　　　EXPERIENCE TOUR

이 툴은 상대적으로 복잡한 툴이므로 여러 날에 걸쳐 진행하는 것이 좋습니다. 인풋·아웃풋이
전략적으로 고려되어야 하기 때문에 경험자, 동료들과의 논의가 필요하며, 한 번 완성한 후 다시
수정하는 것이 좋습니다.

출처　Design Council (2011) Service Safari. In: Keeping Connected Design Challenge

어떤 효과가 있으며
언제 사용해야 할까요?

체험 여정을 떠난다는 것은 특정한 상황에 완전히 몰두하여 그 상황에 대한 직접적인 관점을 얻는 것을 의미합니다. 여러분은 **체험 여정(Experience Tour) 툴**을 통해 프로젝트 수혜자와 밀접하게 연관되어 있는 아이디어를 발전시킬 명확한 관점을 얻을 수 있을 것입니다.

체험 여정 툴은 여러분의 경험을 통해 얻은 아이디어를 모을 수 있는 체계적인 틀을 제공합니다. 또한 이 툴은 여러분이 수혜자들의 경험에 집중하고 아이디어를 실제로 개발하기 위해 필요한 자료들을 모을 수 있도록 지침을 제시합니다.

? 어떻게 활용하면 될까요?

체험 여정 툴은 여러분의 체험을 통해 긍정적인 경험과 부정적인 경험의 차이를 만드는 것이 무엇인지 영감을 얻을 수 있도록 하는 좋은 방법입니다. 하지만 실제로 직접 나가서 경험해야 하는 체험 여정의 특성상, 워크시트에 체계적으로 기록하는 것이 어려울 수 있습니다. 그러므로 외출하기 전에 워크시트의 질문들을 숙지하고 여러분이 살펴보아야 할 것들에 대하여 미리 생각해보도록 합니다.

체험 여정을 진행하며 워크시트를 채워나가는 방법으로는 두 가지가 있습니다. 하나는 체험과 동시에 워크시트를 채워나가는 방법, 다른 하나는 우선 워크시트에 짧은 메모를 적어두었다가 체험하고 난 다음 세부사항을 채워 넣는 방법입니다.

이 툴의 핵심은 직접 체험해봄으로써 정확히 어떤 일이 일어났는가, 그 경험으로 어떤 기분이 들었는가와 같이 심도 깊은 내용을 이해하는 것입니다. 여러분이 한 번의 체험 여정을 거칠 때마다 하나의 워크시트를 작성한 후 여러 워크시트를 비교하면 서로 어떤 연관성이 있는지 혹은 차이점이 있는지 알 수 있을 것입니다.

워크시트에 있는 질문들은 예시이므로 여러분의 프로젝트에 더 적합한 질문으로 워크시트를 수정하여 사용하도록 합니다.

이 여정에 중점을 둘 부분은 무엇입니까?

어떤 실제 사항들이 관찰되었습니까?

연관된 사람은 누구입니까?

어떤 정보가 사용되었습니까? 빠진 것은 무엇입니까?

어떤 물건이 사용되었습니까?

환경은 어떠합니까?

어떤 점이 잘 됩니까?

어떤 점이 잘 되지 않습니까? 어떤 점이 개선될 수 있습니까?

추가 메모 & 의견

직접 체험하여
우선순위 알아보기

이 여정에 중점을 둘 부분은 무엇입니까?

어떤 실제 사항들이 관찰되었습니까?

연관된 사람은 누구입니까?

어떤 정보가 사용되었습니까?
빠진 것은 무엇입니까?

어떤 물건이 사용되었습니까?

환경은 어떠합니까?

어떤 점이 잘 됩니까?

어떤 점이 잘 되지 않습니까?
어떤 점이 개선될 수 있습니까?

추가 메모 & 의견

DIY
MEMO

핵심 이슈들에 집중하여 우선순위 알아보기

▽

문제 정의   PROBLEM DEFINITION

단순하며 혼자 실습해 볼 수 있는 툴로써 비교적 적은 시간이 소요됩니다

출처   Julier J., Kimbell L. (2012) Problem Definition, p30. In: The Social Design Methods Menu

어떤 효과가 있으며
언제 사용해야 할까요?

어떤 문제를 정의한다는 것은 간단한 일일 수 있습니다. 하지만 처음 여러분이 발견한 문제가 사실은 더 큰 문제의 한 가지 증상(symptom)에 불과한 경우를 발견할 때가 있습니다. **문제 정의(Problem Definition) 툴**은 문제를 다양한 각도에서 검토할 수 있도록 할 뿐만 아니라, 더 넓은 맥락에서 관련된 이슈를 정의하는데 도움이 됩니다.

이 툴은 특정한 문제를 분석할 때 효율적으로 시간을 사용할 수 있도록 구조화하기 위해 만들어졌습니다. 따라서 여러분이 현재 당면한 주요 문제에 팀원들의 집중을 유도하고자 할 때 특히 효과적일 것입니다. 이 툴은 어떠한 이슈를 정확히 설명하고 평가할 수 있도록 몇 가지 주요 기준을 제시하며 이는 효과적인 활동을 하도록 돕습니다. 또한 이 툴은 표면적으로는 매우 달라 보일 수 있는 문제들을 비교할 수 있도록 표준화된 방법을 제시해줍니다.

? 어떻게 활용하면 될까요?

개인별로 또는 소규모로 팀을 구성하여 워크시트를 하나씩 준비합니다. 그 후 각자가 발견한 특정한 문제에 대하여 생각을 교환하며 메모합니다. 이 과정의 핵심 목적은 문제에 대한 다른 관점을 알아보고 비교하며 이에 관해 토론하는 것입니다. 그 후에 팀원들과 메모한 내용을 검토하고 서로 같은 가정을 하고 있는지, 같은 방식으로 구성했는지에 대해 논의해보도록 합니다.

이 활동을 통해 여러분이 다루고자 했던 문제를 재구성할 수 있습니다. 예를 들어 여러분이 처음에 프로젝트를 계획할 때 고령자들에게 도움이 필요하다고 가정하였으나 실제로는 고령자에게 어떤 활동을 할 역량이 있다고 한다면, 문제 정의는 어떻게 달라질까요? 이와 같이 문제를 재구성하는 것은 여러분이 문제에 대한 솔루션을 만들어가는 일에 실마리를 제공할 수 있습니다.

팀원들뿐만 아니라 다른 이해관계자들과 함께 워크시트를 작성하여 문제해결 과정에 새로운 맥락을 대입해볼 수도 있을 것입니다. 예를 들어 서비스 사용자나 직원 또는 자원봉사자와 이 워크시트를 작성해보면, 서비스 매니저나 기업가들과 작성할 때와는 다른 각도로 문제를 바라볼 수 있을 것입니다. 그러한 상황에 맞추어 자유롭게 워크시트의 질문들을 바꾸어 보도록 합니다.

당신이 다루고자 하는 중요한 이슈는 무엇이며, 그 이슈는 왜 중요합니까?	이 이슈는 누구에게 문제입니까?	어떠한 사회적·문화적 요소가 이 문제를 유발했습니까?	이 문제에 투자할 가치가 있다는 증거는 무엇입니까?	이 문제를 다른 방법으로 볼 수 있습니까? 이 문제를 재구성할 수 있습니까?

핵심 이슈들에 집중하여
우선순위 알아보기

당신이 다루고자하는 중요한
이슈는 무엇이며, 그 이슈는
왜 중요합니까?

이 이슈는 누구에게 문제입니까?

어떠한 사회적·문화적 요소가
이 문제를 유발했습니까?

이 문제에 투자할 가치가 있다는
증거는 무엇입니까?

이 문제를 다른 방법으로 생각해
볼 수 있습니까?
이 문제를 재구성할 수
있습니까?

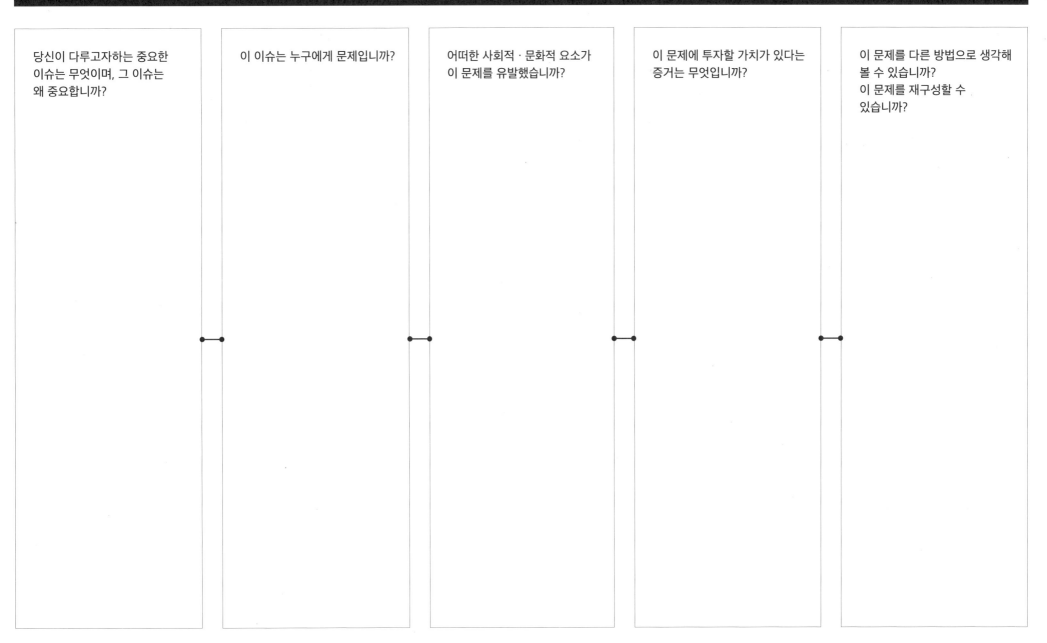

DIY
MEMO

복잡한 문제를
세분화하여
우선순위 알아보기

▽

원인 다이어그램   CAUSES DIAGRAM

단순하며 혼자 실습해 볼 수 있는 툴로써 비교적 적은 시간이 소요됩니다.

출처   Namahn and Yellow Window Service Design. Design Flanders (2012) Cause Diagram.
In: Service design toolkit

어떤 효과가 있으며
언제 사용해야 할까요?

문제의 근본적인 원인은 무엇일까요? 대체로 이 질문에 명확한 답을 도출하기란 쉽지 않습니다. 문제가 크면 클수록 문제의 원인은 더욱 광범위해질 것이고 그 원인을 도식화하는 작업이 어려워지며 결국 이 모든 과정에 압도당하게 됩니다.

원인 다이어그램(Causes Diagram) 툴은 여러분이 문제를 세부적인 것까지 놓치지 않고 생각해 볼 수 있도록 도와주며, 문제를 구조적으로 분석할 수 있는 방법을 제공합니다. 이는 쉽게 찾을 수 있는 문제의 명백한 원인 보다는 발견 가능한 모든 원인들을 찾아 분해하는 작업입니다. 이 툴은 새로운 문제를 분석하는 데 이용할 수 있으며, 이미 발견한 문제들의 차이점을 두드러지게 하는 작업에도 사용할 수 있습니다.

나아가 이 툴은 한 문제의 영향이나 증상을 문제의 원인과 구별할 수 있도록 도와주며, 이를 통해 어떤 문제에 대한 완전한 솔루션이 무엇인지 알 수 있도록 도와줍니다. 이뿐만 아니라 이 툴을 통하여 여러분이 하고 있는 일이 무엇인지에 관하여 인식을 공유할 수도 있습니다.

❓ 어떻게 활용하면 될까요?

먼저 여러분이 해결하고자 하는 핵심 문제가 무엇인지 확인하여 워크시트에 적어봅니다.

그리고 이곳을 시작점으로 삼아 여러분이 이 핵심 문제에서 비롯된 결과라고 생각하는 직접적인 증상, 근본적인 증상, 기여 증상을 적어봅니다. 이 여러 가지 증상들은 문제나 시스템, 장비, 재료, 혹은 외부 요인과 관련된 사람들일 것입니다. 되도록 많은 기여 요인을 찾아보도록 합니다.

이제 이 증상들에 부합하는 원인을 찾아 아래칸을 채워봅니다. 일단 워크시트를 다 채우면 팀원과 함께 각각의 증상과 원인을 논의

해봅니다. 이어서 각 증상과 원인이 정확한 위치에 있는지 함께 생각해보고, 목표를 명확히 하기 위해 이 과정을 통해 배울 수 있는 것이 무엇인지 토론해 봅니다.

이 과정에서 문제의 원인과 증상을 서로 혼동하지 않도록 유의합니다. 원인은 어떤 일이 발생하는 이유이고, 증상은 문제의 최종 결과로 인지되는 것입니다.

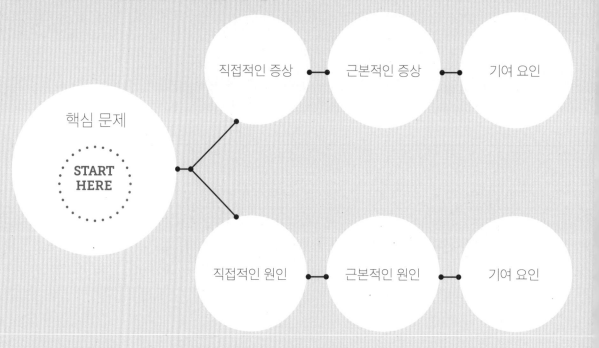

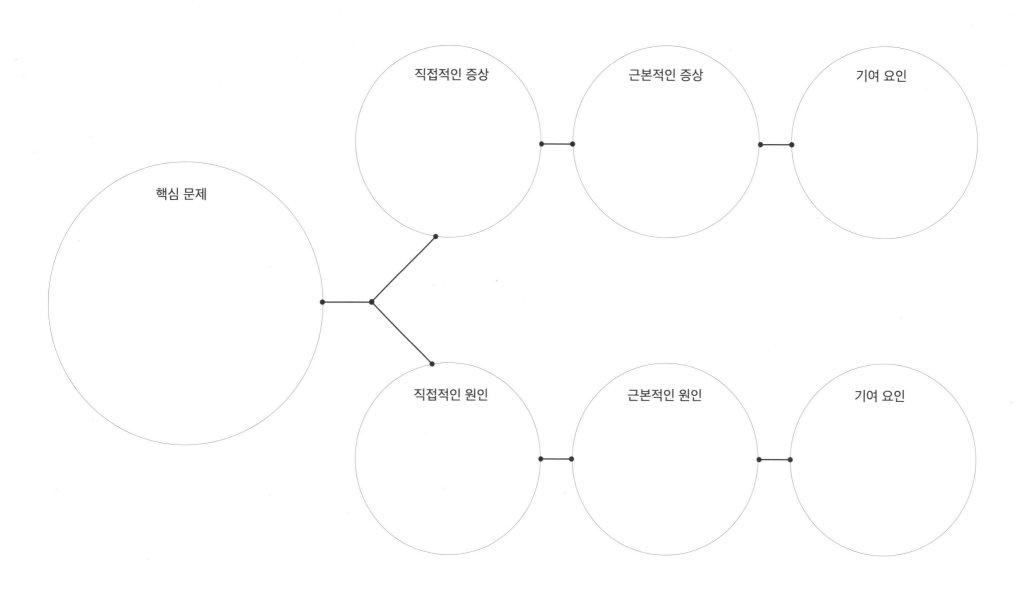

DIY
CASE STUDY

+ **툴:** 원인 다이어그램, 문제 정의
+ **기관:** UNDP UZBEKISTAN
+ **국가:** 우즈베키스탄
+ **분야:** 커뮤니티 지원활동, 교육

우즈베키스탄 교육부 산하에 있는
청소년 스포츠 기금은 스포츠 단지에
대규모 투자 프로그램이 진행되고
있음에도 불구하고 예상보다
이 시설들이 많이 사용되지 않는
문제를 해결하고자 하였습니다.

지역 스포츠 프로그램의 낮은 학생 참여의 문제를 정의하고 원인을 찾기 위해 진행한 워크숍의 모습

청소년 스포츠 기금은 특히 농촌 지역에 거주하는 여학생들이 스포츠 활동에 참여하는 데 많은 제약이 있는 점에 주목하였습니다. 소도시에 사는 여학생들은 스포츠 활동으로 얻을 수 있는 이득에 대한 부모의 인식 결여, 스포츠 활동 장려 부족, 여성의 스포츠 활동 불허 등 많은 걸림돌이 있습니다. 이에 따라 우리는 여학생들이 무료로 스포츠 시설을 이용하도록 장려할 방법을 찾고 싶었습니다.

툴의 활용 이유

우리는 '사회통합을 위한 스포츠'라는 주제에 초점을 맞추어 지역 대학 학생들과 함께 사회 혁신 워크숍을 진행했습니다. 이 워크숍을 통해 나온 프로젝트 중 타당한 제안에는 최대 1,500달러를 지원했습니다. 프로젝트 제안서를 만드는 동안 우리는 몇 가지 툴을 사용하였는데, 이 툴들은 사용자를 고려하는 데에 초점을 맞춘 타깃 그룹 툴, 퍼소나 툴과 가상의 문제와 솔루션에 초점을 맞추는 문제 정의 툴, 원인 다이어그램 툴이었습니다.

우리는 다음의 세 가지 주요 기준에 따라 이 툴들을 선택하였습니다.

1. 상업적 요인을 제외한 소규모 자원봉사 프로젝트에 적절한가?
2. 개념, 문제 정의, 사용자 산출을 강조하는 사회 혁신 프로세스 안에서 초기 단계에도 적용 가능한가?
3. 교실이나 워크숍에서 한 시간 미만으로 수행이 가능한가?

이 툴들을 이용해 문제 자체에 친숙해질 수 있었고, 우리가 이전에는 미처 예상하지 못했지만 발견 후에 대책을 세울 수 있었던 요소들은 문제가 되기 전에 미리 제외시킬 수 있었습니다.

툴의 활용 방안

우리는 문제 정의 툴과 원인 다이어그램 툴을 사용하여 학생들이 문제와 해결 방안을 좀더 넓은 시각으로 볼 수 있도록 하였습니다. 하지만 새로운 발상은 학생들에게 '왜'라는 질문을 스스로 생각해보도록 유도한 이후에야 얻을 수 있었습니다. 학생들은 종종 경제적 문제나 전통에 대한 미묘한 차이를 고려하지 않은 채, 이 차이를 이차적 원인으로 간주하고는 합니다.

그러나 우리가 조금 더 깊게 구체적인 이유를 생각하도록 유도하자마자 스포츠시설 활용 부족 문제를 다른 시각으로 바라보게 되었습니다. 예를 들어 의료 서비스부족 문제와 연계시켜 부상에 대한 두려움이라는 원인을 발견했고, 치안 불안 문제와 관련시켜 가로등 부족이라는 흥미롭고 예상하지 못했던 원인들을 금방 찾아냈습니다.

툴의 활용 결과

우리는 문제 정의 툴을 통해 특정 문제를 보다 심도 있게 정의하고 인식할 수 있었습니다. 또한 원인 다이어그램 툴을 이용하여 문제의 모든 요소와 원인을 한데 모아 볼 수 있었습니다. 우리는 이 툴들을 이용하여 문제 자체에 친숙해질 수 있었을 뿐만 아니라, 우리가 이전에는 미처 예상하지 못했지만 발견 후에 대책을 세울 수 있었던 요소들을 문제가 되기 전에 미리 제외시킬 수 있었습니다.

목표와
목표달성을 위한
경로를 알아봄으로로써
우선순위 알아보기

▽

변화 이론   THEORY OF CHANGE

동료들과의 대화가 필요합니다 하루 정도 시간을 내서 동료들과 함께 워크시트를 채우고 소통할
수 있도록 미리 준비합니다

출처 Nesta (2011) Theory of Change

어떤 효과가 있으며
언제 사용해야 할까요?

변화 이론 워크시트를 작성하는 일은 여러분이 목표를 달성하기 위해 계획한 단계들을 서술하는 로드맵을 만드는 것과 같습니다. 이는 여러분의 프로젝트가 초기에 계획했던 임팩트를 창출하는 데 기여하고 있는지, 그리고 고려해야 할 다른 방법은 없는지 생각할 기회를 줄 것입니다.

변화 이론(Theory of Change) 툴은 여러분의 프로젝트를 명확하게 설명하도록 하며, 이를 더 큰 목표에 연결시킬 수 있도록 도와줍니다. 이뿐만 아니라 이 툴을 통해서 각 단계의 드러나지 않은 가정을 공유하여 여러분의 계획에 잠재되어 있는 위험 요소를 발견할 수 있을 것입니다. 동시에 여러 프로젝트가 진행되는 큰 조직의 경우, 변화 이론 툴을 통하여 서로 다른 프로젝트들을 도식화할 수 있으며, 이 프로젝트들이 어떻게 서로 연결되어 있는지 생각해볼 수 있습니다.

더불어 이 툴은 팀원들이 보다 큰 최종 목표에 집중할 수 있도록 도와주며, 그 목표를 달성하기 위한 각자의 역할을 이해할 수 있도록 도움을 줍니다.

? 어떻게 활용하면 될까요?

먼저 여러분이 해결하고자 하는 주요 문제와 프로젝트를 통해 달성하고자 하는 변화에 대한 장기적인 비전을 적어봅니다. 그 다음 주요 청중과 그 청중과의 접점 등 다른 빈칸을 채워봅니다. 이 내용들은 보다 효과적인 활동을 생각해낼 수 있는 밑거름이 되기 때문에 되도록 구체적으로 적도록 합니다.

먼저 문제 정의에서 시작하여 장기적 임팩트 방향으로 빈칸을 채워나갑니다. 여러분이 정의한 문제에 가장 많은 영향을 받고 있는 사람이 누구인지 적어보고, 여러분이 프로젝트를 통해 돕고자 하는 작은 그룹이나 큰 조직을 적어봅니다. 그런 다음 장소나 사람 또는 첫 목적지를 탐색해 여러분이 어디에서부터 프로젝트를 시작해야 할 지 생각해 보도록 합니다. 이 때 새로운 파트너십 체결이나 기존의 절차 수정처럼 변화를 이끌어낼 수 있는 실용적인 단계들을 생각해 봅니다. 또한 이 모든 과정들을 되도록 적극적인 자세로 작성하도록 합니다.

마지막으로 즉각적인 결과 또는 아웃컴이 되는 것은 무엇일까요? 이는 여러분의 활동이 어떤 변화를 만들어내고 있는지 보여줄 수 있는 명확한 결과일지도 모릅니다. 여러분의 비전을 인식하기 위한 전제조건인 주요 아웃컴을 열거해 보도록 합니다.

워크시트의 빈칸을 채워나갈 때 활동의 각 단계를 뒷받침하는 주요 가정을 살펴보는 일 또한 중요합니다. 이는 잠재적인 위험 요소나 서로 다른 프로젝트들 사이의 연관성을 발견하는 데 도움을 줄 것입니다.

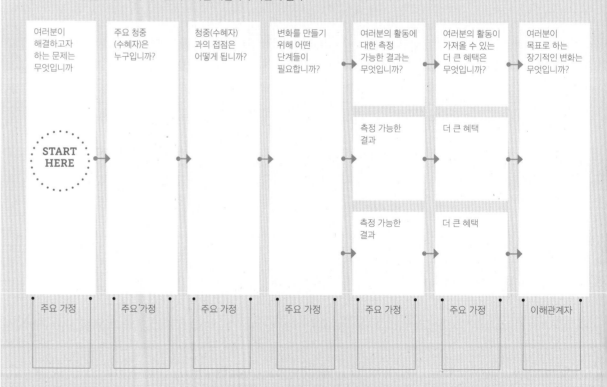

목표와 목표달성을 위한 경로를 알아봄으로써
우선순위 알아보기

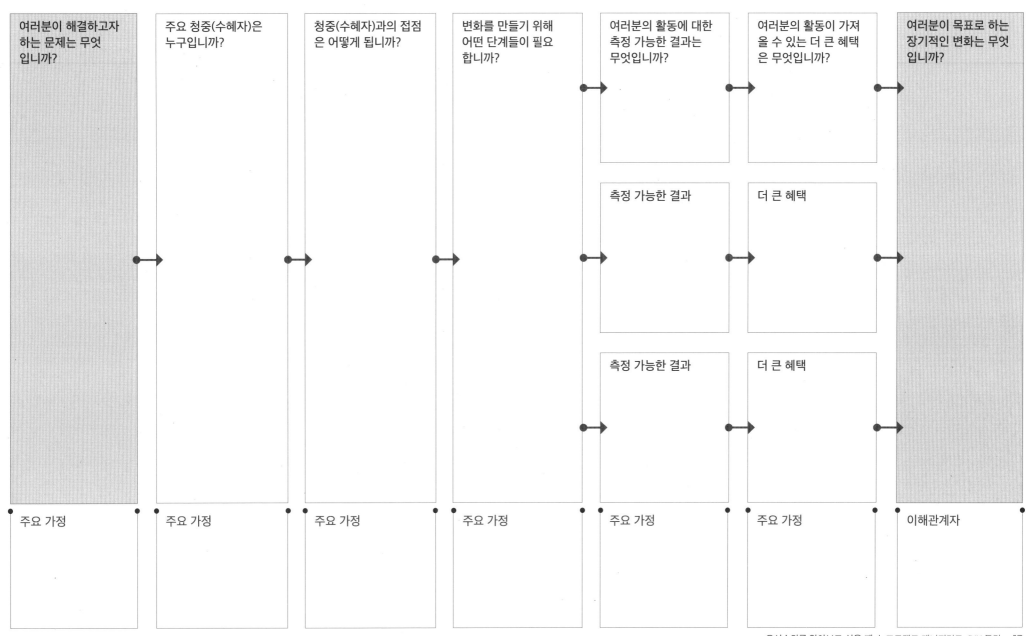

여러분이 해결하고자 하는 문제는 무엇 입니까?	주요 청중(수혜자)은 누구입니까?	청중(수혜자)과의 접점 은 어떻게 됩니까?	변화를 만들기 위해 어떤 단계들이 필요 합니까?	여러분의 활동에 대한 측정 가능한 결과는 무엇입니까?	여러분의 활동이 가져 올 수 있는 더 큰 혜택 은 무엇입니까?	여러분이 목표로 하는 장기적인 변화는 무엇 입니까?
				측정 가능한 결과	더 큰 혜택	
				측정 가능한 결과	더 큰 혜택	
주요 가정	주요 가정	주요 가정	주요 가정	주요 가정	주요 가정	이해관계자

DIY

CASE STUDY

+ **툴:** 변화 이론, 원인 다이어그램

+ **기관:** MP TECHNICAL ASSIATANCE AND SUPPORTIVE TEAM (MPTAST)

+ **국가:** 인도

+ **분야:** 공중보건, 영양, 물, 위생

그룹 활동을 통해 도출된 변화 이론 툴의 워크시트

보조 간호사와 조산사, 프로젝트 매니저, 지역 인부들이 함께 변화 이론 툴과 원인 다이어그램 툴을 이용하여 논의 중인 모습

저는 지난 1년 동안 마디야 프라데시 지역의 보건분야 개혁 프로그램을 시행하는 일을 도와왔습니다.

MCTS(Mother & Child Tracking System)는 인도 정부가 개발한 온라인 모니터링 시스템으로, 우리는 이 시스템을 통해 정자와 난자가 수정된 직후부터 영아가 한 살이 될 때까지 정부가 산모들에게 제공하는 혹은 앞으로 제공하려 계획 중인 다양한 서비스를 관리하고 있습니다.

인도 중부에 위치한 마디야 프라데시 주는 인도 국내 평균에 비해 산모와 영아의 사망률이 높게 나타나고 있습니다. 우리는 MCTS를 더욱 강화할 뿐만 아니라 보건부, 여성과 아동 개발·공공보건공학 개발부와 긴밀히 협조하여 지역 내 산모사망률, 영아사망률, 영양부족 등을 줄이려 노력하고 있습니다.

툴의 활용 이유

저와 팀 동료들은 변화 이론과 원인 다이어그램 툴을 하나의 조합으로, SWOT 분석, 질문 사다리, 핵심과업 목록 툴을 또 다른 조합으로 하여 활용하였습니다. 우리 프로그램의 목적은 MCTS 소프트웨어 사용을 늘릴 수 있는 방법을 찾고, 모든 이해관계자들이 각자의 기능을 제대로 발휘할 수 있도록 그들의 역할, 긴급상황 전략 등을 재정립하는 것이었습니다. 우리는 이 툴들을 조합하여 비교적 쉬운 문제들을 재검토하고 해결할 수 있었으며, 그 다음 다른 툴을 조합하여 잠재적인 팀 동료를 찾고 문제해결을 수행하기 위한 핵심적인 경로를 알아낼 수 있었습니다.

툴의 활용 방안

우리는 마디야 프라데시 주의 한 지역에 있는 마을에서 시범 사업을 진행하며 이 툴들을 테스트해보았습니다. 먼저 우리는 이 모든 활동의 목적을 팀원들에게 설명한 후, 그들의 도움을 받아 아래와 같은 아이디어를 얻고자 하였습니다.

- 정확히 어떤 일이 일어나고 있는가?
- 누가 이 일에 참여하고 있고, 그들의 역할은 무엇인가?
- 문제를 해결하는 데 있어서 살펴봐야 할 고질적인 문제는 무엇인가?

그리고 나서 우리는 변화 이론 툴과 원인 다이어그램 툴을 조합하여 사용했습니다.

| 변화 이론 |

이 툴을 이용하여 MCTS 소프트웨어의 서비스 업데이트와 이것이 일상 작업에 미치는 영향, 그리고 서비스 업데이트가 프로그램 매니저의 의사 결정을 돕는 방법을 알아볼 수 있었습니다. 이뿐만 아니라 이 툴은 '일정 기간 동안 서비스 업데이트가 전반적으로 영아사망률에 어떻게 영향을 미칠 것인가'처럼 앞으로의 계획에 대해 명확한 아이디어를 도출해내도록 도와주었습니다.

| 원인 다이어그램 |

이 툴을 통해 우리는 MCTS 소프트웨어의 서비스 업데이트를 방해하는 고질적인 문제점이 무엇인지 규명할 수 있었습니다. 또한 모든 근원적인 쟁점에서 새로운 점들을 알아낼 수 있었으며, 이에 따라 더 나은 해결 방안을 고안할 수 있었습니다.

툴의 활용 결과

변화 이론 툴을 통하여 팀 멤버들은 영향력이 적어 보이는 역할도 오랜 시간에 걸쳐 큰 변화를 불러일으킬 수 있다는 사실을 이해하게 되었습니다. 이는 성공적인 프로젝트에 필수적인 요소이며, 팀 멤버들의 업무 태도에 변화도 이끌어냈습니다. 또한 이 변화 이론을 통해 현 시스템의 비효율적인 부분을 전체적인 관점에서 바라보고 해결할 수 있었습니다.

원인 다이어그램 툴을 통해 우리는 여러 가지 쟁점들이 복잡하게 얽혀있는 상황에서는 보다 중요하고 실제로 해결이 가능한 한두 가지 문제에 집중하는 것이 좋은 전략이라는 사실을 알게 되었습니다. 뿐만 아니라 현 시스템이 비효율적인 원인이 무엇인지 구조적인 관점에서 이해하고 이 핵심 문제를 해결하기 위해 어떤 부분들을 살펴봐야 하는지 알 수 있었습니다.

3) Coaching / follow up
with alumni of VTs

5) Work Conditions are
often less than
ideal.

4) Availability of
mentors

일상생활을 관찰하여
외부에서 인풋 얻기

그림자 되어보기   PEOPLE SHADOWING

동료들과의 대화가 필요합니다. 하루 정도 시간을 내서 동료들과 함께 워크시트를 채우고 소통할
수 있도록 미리 준비합니다.

출처   Lovlie L., Reason B., Polaine A. (2013) Service Design: From Insight to Implementation,
p54-p57. Rosenfeld Media.

11 DIY

그림자 되어보기 PEOPLE SHADOWING

어떤 효과가 있으며
언제 사용해야 할까요?

그림자 되어보기(People Shadowing) 툴은 말 그대로 일정 시간 동안 한 사람 또는 한 그룹의 그림자가 되어 일상을 똑같이 살아보는 과정을 통해 관찰 대상의 환경을 이해하는 도구입니다. 한 사람의 행동이나 동기부여에 영향을 미치는 구체적인 상황을 직접 관찰할 수 있습니다.

프로젝트 시작 단계에서 이 툴을 사용하면 특정 활동이나 사람들과 친숙해 질 수 있는 기회가 되기도 합니다. 사람들은 습관적으로 일상생활을 이어가기 때문에, 문제를 명확히 인식하지 않고 지내기도 합니다. 따라서 사람들을 직접 관찰함으로써 핵심 문제나 문제 해결 방법이 될 수도 있는 숨겨진 면을 발견하기도 합니다. 또한 이러한 관찰 행위를 통해 아이디어를 얻을 수 있을 뿐만 아니라, 어떻게 사람들에게 영향력을 미칠 수 있는지를 파악하도록 하여 프로젝트의 핵심에 도달하는 데 도움을 줍니다.

? 어떻게 활용하면 될까요?

그림자 되어보기 툴을 사용할 때에는 대상을 찾는 일부터 적극적인 개입의 시기와 방법까지 많은 선택의 순간을 맞이하게 됩니다. 이뿐만 아니라 여러분이 찾고자 하는 것이 무엇인지, 새롭게 발견한 것을 어떤 방식으로 기록할지에 대해서도 생각해 보아야 합니다. 이렇게 생각해야 할 사항이 많은 상황에서의 돌파구는 바로 미리 준비해 두는 것입니다. 즉 의외의 상황을 마주하게 될 것을 염두하며 동시에 여러 명이 새롭게 발견한 것들을 정리해두는 것입니다. 그림자 되어 보기 툴은 빠르게 점검할 수 있는 체크 리스트와 메모할 수 있는 칸이 포함되어 있어 새로운 정보를 효과적으로 정리할 수 있습니다.

다음의 워크시트는 그림자 되어보기 툴을 사용할 때 여러분이 기록할 때 도움이 될 요소가 포함되어 있습니다. 기억해야 할 것은 실험을 두려워하지 말아야 한다는 점입니다. 여러분이 조용히 관찰하거나 적극적으로 상황에 개입하는 등 이 툴의 사용법은 여러분이 처한 각각의 상황에 따라 달라집니다. 팀원들에게도 각자 그림자가 되어 보는 대상에 대한 워크시트를 작성하도록 해봅니다. 이를 통해 다양한 참가자들을 비교해 볼 수 있습니다.

여러분이 진행하고 있는 프로젝트에 따라 이 툴을 통해 얻은 관찰 정보 중 필요한 정보도 달라질 것입니다. 관찰해서 얻은 정보는 관찰 대상이 누구를 만나는지, 어디를 주로 다니는지, 그들은 삶을 어떤 식으로 살아가는지와 같은 것입니다. 이 책에 실린 워크시트의 빈칸은 아이디어를 돕기 위한 예시일 뿐이니 각자의 프로젝트에 맞게 수정하여 사용하도록 합니다.

일정한 거리를 두고 관찰하는 것도 좋지만, 대상을 가까이에서 관찰하려 한다면 미리 양해를 구하는 것이 좋을 수도 있습니다. 이것은 문화적으로나 환경적으로 받아들일 수 있는 사회 분위기인지에 따라 달라질 것입니다. 하지만 관찰 대상의 사생활을 존중하고 그들이 불편하지 않게 배려해야 합니다. 이 툴을 성공적으로 사용하기 위해서는 관찰 대상의 자연스러운 생활을 방해하지 않는 것이 중요합니다.

기본 정보	좋아하는 것	싫어하는 것	습관
맥락 정보			
주요 발견 _____ _____ _____	활동	물건	공간

일상생활을 관찰하여
외부에서 인풋얻기

그림자 되어보기
PEOPLE SHADOWING

기본 정보

장소:

날짜:

시간:

맥락 정보

그림자 대상:

나이:

성별:

관찰한 이유:

주요 발견

좋아하는 것
예: 개인의 취향에 대한 관찰

싫어하는 것
예: 특정한 염려에 대한 관찰

습관
예: 반복적인 행동에 대한 관찰

활동
예: 상황에 따른 행동에 대한 관찰

물건
예: 구체적인 물건 사용에 대한 관찰

공간
예: 환경의 영향에 대한 관찰

대상의 관점을 파악할 수
있는 대화를 통하여
외부에서 인풋 얻기

인터뷰 가이드   INTERVIEW GUIDE

동료들과의 대화가 필요합니다. 하루 정도 시간을 내서 동료들과 함께 워크시트를 채우고 소통할
수 있도록 미리 준비합니다.

출처   IDEO (2010) Develop an interview approach p58. In: Human Centred Design Toolkit

어떤 효과가 있으며 언제 사용해야 할까요?

상대방과 직접 대화를 나누어 보는 것은 그 사람을 이해할 수 있는 가장 쉬운 방법입니다. 인터뷰는 대상이 '자신의 경험'을 '자신만의 언어'로 설명하는 것을 들을 수 있는 기회로, 이를 통해 대상과 일종의 특별한 관계를 맺을 수 있습니다. 사람들이 일상에 대해 하는 대화를 통해 그들이 직면한 문제를 그들이 속한 환경에 대해 이해할 수 있으며, 그 사람에게 다가가는 방법에 대한 힌트를 얻을 수 있습니다. 또한 인터뷰를 통해 프로젝트의 필요성을 입증할 수 있을 뿐만 아니라 프로젝트가 이끌어낼 영향력을 예상할 수 있습니다.

그러나 인터뷰에서 한 말과 실제 행동이 매우 다른 경우들이 있기 때문에, 인터뷰를 통해 여러분이 원하는 것을 얻는 것은 예상보다 더 힘들 수 있습니다. 대상이 경험한 특정한 상황을 깊게 이해하기 위해 많은 시간을 들여야 하고 많은 질문과 활동이 필요합니다. 아무리 짧아도 여러 명과 인터뷰를 진행하면 빠른 시간 내에 방대한 양의 정보가 쌓이게 됩니다. 이 **인터뷰 가이드(Interview Guide) 툴**은 여러분이 인터뷰를 진행하기 전에 인터뷰 전략을 짤 수 있도록 돕는 체크 리스트가 될 것입니다.

? 어떻게 활용하면 될까요?

이 책에 실린 워크시트는 인터뷰 준비를 보여주는 예시이므로 여러분의 프로젝트 주제에 따라 다른 카테고리를 포함해서 사용하도록 합니다.

일반적으로 다양한 시도를 통해 사람들 안에 있는 근본적인 동기를 파악할 필요가 있습니다. 따라서 인터뷰 질문을 '무엇'과 '어떻게'에 집중한 다음, '왜'라는 질문을 통해 인터뷰 대상의 동기부여에 깊이 접근합니다.

체계적인 인터뷰 구성을 위한 세 가지 단계

마음 열기: 가족 구성원, 가사 분담, 인터뷰 주제와 관련된 일화와 같이 인터뷰 대상이 편하게 느낄 수 있는 질문들로 상대의 기분을 배려합니다.

주제 넓히기: '포부나 여러 가지 이슈들이 어떻게 연결되는가'처럼 참가자들이 일반적으로 생각하지 않는 관련 이슈에 대해 질문함으로 더 넓은 범위에서 생각할 수 있도록 유도합니다.

깊게 들어가기: 현재의 문제점들을 깊게 생각해보고 '만약'의 상황에 대해서 생각해 볼 수 있도록 유도합니다.

인터뷰를 통해 정보를 얻고 정리하는 방법은 다양합니다. 인터뷰 대상자들이 선호하는 것이 무엇인지, 그 이유가 무엇인지 명확히 할 수 있도록 합니다. 인터뷰 대상자가 단순히 질문에 대답하는 형식에 그치지 않고 방 안에서 가장 좋아하는 장소가 어디인지, 집에서 가장 좋아하는 물건이 무엇인지 같은 질문처럼 직접 보여주거나 그림을 그려 답을 하도록 유도할 수도 있습니다.

실제 인터뷰를 진행하기 전에, 팀원들과 함께 인터뷰 대상자들에게 적합한 답변을 이끌어낼 수 있는 형태의 질문이 무엇일지 의논하고 연습해보는 것이 좋습니다. 또한 이 인터뷰를 후에 어떻게 이용할 것인지에 대해서도 생각해보도록 합니다. 특히 인터뷰 하나를 여러 명이 진행하는 경우에 인터뷰 전에 이와 같은 생각을 미리 해보면 도움이 많이 될 것입니다.

보여주세요	그려주세요
생각을 말로 표현해주세요	**구체적으로 알려주세요**

대상의 관점을 파악할 수 있는 대화를 통하여
외부에서 인풋 얻기

보여주세요

만약 여러분이 인터뷰 대상자와 같은 장소에 있다면 대상자에게
물건, 공간, 도구 등을 포함하여 그들이 교감하는 대상이 무엇인지
직접 보여달라고 요청합니다. 이후에 기억하기 쉽도록 사진을
찍고 메모를 남겨둡니다. 또는 이 과정을 당신이 직접 체험해볼
수 있도록 요청해봅니다.

그려주세요

인터뷰 대상자들에게 그들의 활동과 경험을 다이어그램과 같은 도형을 사용하거나 직접 그림을 그려 표현하도록 요청합니다.
이 과정은 여러분이 가정했던 사항의 오류를 밝히고 사람들이 스스로의 활동을 어떻게 인지하는지, 어떻게 정리하는지 알아볼 수 있는 좋은 방법입니다.

생각을 말로 표현해주세요

인터뷰 대상자들이 이 과정을 수행하면서 그들이 생각하는 것이 무엇인지 소리 내어 말하며 묘사하도록 요청합니다.
이 방법을 통해 대상자들이 어떤 동기부여와 우려, 인식, 추론 요소를 가지고 있는지 알 수 있습니다.

구체적으로 알려주세요

사람들은 종종 전형적인 사항을 일반화하여 중요한 사항들을 많이 놓치기도 합니다. 그러므로 전형적인 질문 대신에 특정한
기간을 설정하여 그 기간에 대하여 질문을 하도록 합니다. 예를 들어 일반적으로 하루에 어떤 일을 하는지 질문하는 대신,
어제 어떤 일을 했는지 질문해보는 것입니다.

DIY
MEMO

사람들의 동기부여
포인트를 이해하여
외부에서 인풋 얻기

▽

질문 사다리   QUESTION LADDER

단순하며 혼자 실습해 볼 수 있는 툴로써 비교적 적은 시간이 소요됩니다.

출처   Project Innovation (2012) Question. In: Social Innovation Toolkit

어떤 효과가 있으며 언제 사용해야 할까요?

여러분은 어떤 질문이 상황에 적합한지 아닌지 어떻게 알 수 있습니까? 때로는 올바른 답을 얻기 위해서 질문에 대하여 더욱 깊게 생각해 보아야 합니다. 이 작업은 간단해 보일 수 있으나, 누군가를 깊이 이해하기 위해서 어떤 질문을 해야 하는지 깊이 생각해보는 일은 필수적인 사항입니다. **질문 사다리(Question Ladder) 툴**은 한 주제에 관하여 여러 다양한 측면들을 질문함으로써 특정주제에 초점을 맞출 수 있도록 도와주는 인터뷰 기술입니다.

이 질문 사다리 툴은 여러분이 서로 다른 몇 가지 방법으로 질문을 할 수 있도록 도와주며 심도 있는 답변을 얻기 위해 여러 질문들을 조합할 수 있도록 합니다. 이 툴을 통하여 질문에 포함되 어야 하는 것이 무엇인지 체계적으로 정리된 개요를 얻을 수 있습니다. 즉, 이 툴은 '~이다', '~했다', '~할 수 있다', '~할 것이다', '~일 것이다', '~일 수도 있다'와 같은 질문들이 '누가', '언제', '어디서', '무엇을', '어떻게', '왜'라는 6가지 질문과 어떻게 조합 되어야 하는지 알려줍니다. 이 과정은 주제의 핵심으로 바로 접근할 수 있는 가장 좋은 방법을 찾는 데에 도움이 되며, 복잡한 문제의 핵심에 점진적으로 도달할 수 있도록 질문 사다리를 만드는 작업을 도와줍니다.

? 어떻게 활용하면 될까요?

질문지를 만드는 동안 또는 인터뷰를 진행하기 전에 이 워크시트를 채워 넣으며 여러 가지 질문을 만든 후, 그 중 하나를 최종적으로 인터뷰에 적용해봅니다. 이 워크시트를 다양한 관점으로 이슈에 접근하는 연습의 기회로 삼도록 합니다.

이 툴을 통하여 기술을 습득하고 경험을 쌓게 되면, 대화를 나누거나 인터뷰를 할 때 자연스럽게 여러 기술을 사용할 수 있게 될 것입니다.

간단한 질문 ◄──────────────► 복잡한 질문

	~이다 (is)	~했다 (did)	~할 수 있다 (can)	~할 것이다 (will)	~일 것인다 (would)	~일 수도 있다 (might)
누가?	누구인가?	누가 ~했나?	누가 ~할 수 있나?	누가 ~할 것인가?	누가 ~일 것인가?	누가 ~일 수도 있는가?
무엇을?	무엇인가?	무엇을 ~했나?	무엇을 ~할 수 있나?	무엇을 ~할 것인가?	무엇이 ~일 것인가?	무엇이 ~일 수도 있는가?
어디서?	어디인가?	어디서 ~했나?	어디서 ~할 수 있나?	어디서 ~할 것인가?	어디서 ~일 것인가?	어디서 ~일 수도 있는가?
언제?	언제인가?	언제 ~했나?	언제 ~할 수 있나?	언제 ~할 것인가?	언제 ~일 것인가?	언제 ~일 수도 있는가?
왜?	왜인가?	왜 ~했나?	왜 ~할 수 있나?	왜 ~할 것인가?	왜 ~일 것인가?	왜 ~일 수도 있는가?
어떻게?	어떻게 하나?	어떻게 ~했나?	어떻게 ~할 수 있나?	어떻게 ~할 것인가?	어떻게 ~일 것인가?	어떻게 ~일 수도 있는가?

사람들의 동기부여 포인트를 이해하여
외부에서 인풋 얻기

질문 사다리
QUESTION LADDER

간단한 질문 ←——————————————————————————→ 복잡한 질문

	~이다 (is)	~했다 (did)	~할 수 있다 (can)	~할 것이다 (will)	~일 것인다 (would)	~일 수도 있다 (might)
누가?	누구인가?	누가 ~했나?	누가 ~할 수 있나?	누가 ~할 것인가?	누가 ~일 것인가?	누가 ~일 수도 있는가?
무엇을?	무엇인가?	무엇을 ~했나?	무엇을 ~할 수 있나?	무엇을 ~할 것인가?	무엇이 ~일 것인가?	무엇이 ~일 수도 있는가?
어디서?	어디인가?	어디서 ~했나?	어디서 ~할 수 있나?	어디서 ~할 것인가?	어디서 ~일 것인가?	어디서 ~일 수도 있는가?
언제?	언제인가?	언제 ~했나?	언제 ~할 수 있나?	언제 ~할 것인가?	언제 ~일 것인가?	언제 ~일 수도 있는가?
왜?	왜인가?	왜 ~했나?	왜 ~할 수 있나?	왜 ~할 것인가?	왜 ~일 것인가?	왜 ~일 수도 있는가?
어떻게?	어떻게 하나?	어떻게 ~했나?	어떻게 ~할 수 있나?	어떻게 ~할 것인가?	어떻게 ~일 것인가?	어떻게 ~일 수도 있는가?

DIY

+ **툴**: 질문 사다리, 인터뷰 가이드
+ **기관**: IDE
+ **국가**: 캄보디아
+ **분야**: 농촌 빈곤 감소

우리는 정부 부처 내 특정 그룹이 소셜 마케팅 캠페인을 수행하는 것에 적합한지 정보를 수집하기 위해 인터뷰 가이드라인을 고안하고 있었습니다.

우리는 인터뷰 대상 그룹이 이 역할을 잘 수행할 수 있을지에 대해 그들의 의견뿐만 아니라 그들 주변 사람들에게도 솔직한 의견을 듣고자 하였습니다.

툴의 활용 이유

우리는 인터뷰 질문 검토 작업을 위해 인터뷰 가이드라인과 질문 사다리 툴 두 가지를 동시에 사용했습니다. 이 두 가지 툴을 사용하여 먼저 예상 가능한 질문들을 파악하고 질문의 목적에 따라 정리한 다음, 마지막으로 질문의 복잡성에 따라 구분하는 작업을 수행할 수 있었습니다.

툴의 활용 방안

우리는 이 툴들을 인터뷰 질문을 정리하기 위한 가이드라인으로 사용하였으며, 그 중 질문의 복잡성에 따라 정리하는 작업에서 가장 도움을 많이 받았습니다. 캄보디아에서는 문화적 특성상 직접적으로 질문을 하는 방식으로는 원하는 대답을 바로 듣기 어려운 경우가 많았습니다. 이 때문에 직접적으로 질문하는 대신 같은 질문을 여러 다른 방법으로 다시 질문해야 합니다. 또한 어떤 질문이 가장 복잡한지 파악하도록 하였고, 되도록 간단한 질문으로 인터뷰를 시작할 수 있도록 도와주었습니다.

툴의 활용 결과

우리는 추상적인 아이디어도 이 툴을 통해 복잡한 설명 없이 가능한 한 직접적으로 질문할 수 있었습니다.

+ **툴:** 질문 사다리, 인터뷰 가이드
+ **기관:** DIGITAL GREEN
+ **국가:** 인도
+ **분야:** 농업 정보통신기술

비디오 관리 및 소프트웨어 팀과 함께 질문 사다리 툴을 사용하여 설문조사를 하는 모습

디지털 그린은 정보통신기술(ICT)을 사용하여 인도 농업전문가들이 직접 만든 소도시 농부들의 모범사례 비디오를 공유하고 관장하고 있습니다.

이 농업 비디오 데이터베이스는 디지털 그린의 팀들이 만들었는데, 데이터베이스 관리는 이 팀들의 가장 중요한 업무입니다. 현재 우리는 내부적으로 개발한 기술을 이용하여 이 비디오들을 관리하고 있습니다. 하지만 이 관리 시스템이 사용자 친화적이지 않으며 시간과 노력이 많이 소모된다는 문제점을 발견하였습니다. 이에 따라 직원들이 현재 직면한 문제가 무엇인지 알기 위해 내부 설문조사를 진행하고자 하였습니다.

툴의 활용 이유

질문 사다리 툴을 활용하여 구체적인 질문들은 준비 단계로, 복잡하지만 문제를 더 잘 드러낼 수 있는 개방형 질문을 다음 단계로 구성할 수 있었습니다. 이 질문들을 통해 얻은 답변은 보다 효과적이고 효율적으로 내부 비디오를 관리하는 일에 큰 도움이 될 것입니다.

툴의 활용 방안

우리는 내부 설문조사에 사용할 질문을 구성하는 데 이 툴을 사용하였습니다. 이 설문조사를 통해 내부 프로그램 팀이 데이터를 입력하고 비디오를 업로드하고 기록하는 과정을 평가하고자 하였습니다. 이 툴은 아주 간단명료 했으며, 질문이 얼마나 복잡한지에 따라 질문지를 만들고 질문의 순서를 구성하는 과정에 큰 도움이 되었습니다.

툴의 활용 결과

이 툴을 통해 우리는 프로그램의 설문지를 더욱 짜임새 있게 구성할 수 있었습니다. 몇 가지 질문을 예시로 보여드리겠습니다.

- 디지털 그린이 모든 비디오의 복사본을 가지고 있어야 하는 이유가 무엇일까요? 만약 갖고 있지 않아도 된다면 그 이유가 무엇일까요?

- 미래에 우리 웹사이트에서 비디오를 검색하고자 하는 사람은 누구일까요?

- 비디오를 업로드한 후 시스템에 유튜브 아이디를 링크하는 것을 잊을 가능성이 있을까요?

1st | 1. Solutions | Remarks. 2. Regr

2nd | User journey brief → gaps
utilities / Caretaking
— Aesthetics
3rd | — Capacity Value added stuff
Fine tuning

4th

프로젝트와 수혜자들의
연관성을 파악하기 위해
외부에서 인풋 얻기

▽

스토리 월드   STORYWORLD

이 툴은 상대적으로 복잡한 툴이므로 여러 날에 걸쳐 진행하는 것이 좋습니다. 인풋 · 아웃풋이
전략적으로 고려되어야 하기 때문에 경험자, 동료들과의 논의가 필요하며, 한 번 완성한 후 다시
수정하는 것이 좋습니다.

출처 Julier J., Kimbell L. (2012) Storyworld. P24. In: The Social Design Methods Menu

어떤 효과가 있으며
언제 사용해야 할까요?

인터뷰와 관찰을 통해 얻은 질이 높은 자료들은 매우 많은 정보를 담고 있습니다. 그러므로 이 자료들을 분석하기 위해 체계적으로 정보를 문서화하는 방법을 강구하는 일은 매우 중요합니다. **스토리 월드 (Storyworld) 툴**은 여러분이 조사하여 얻은 자료들 중에서 가장 연관성 높은 정보를 부각하는 데에 유용하게 쓰입니다. 이 툴은 많은 양의 세부 정보에 압도당하지 않고 위의 과정들을 수행해나갈 수 있도록 도와줍니다. 또한 어떻게 문서를 체계적으로 구성할 수 있는지 보여주어, 향후 논의 과정과 학습해야 할 내용이 서로 조화를 이룰 수 있도록 도와줍니다.

이 툴은 여러분이 해결 방안을 디자인하기 시작할 때, 수혜자의 인생의 한 부분을 이해할 수 있도록 도와줍니다. 또한 이 툴을 통하여 수혜자의 복잡한 일상에 어울리는 색채를 고르듯이 수혜자와 연관된 '스토리 월드'를 만들 수 있습니다. 이 이야기들은 여러분이 창의적인 아이디어를 얻을 수 있는 핵심 촉매제가 될 것입니다.

? 어떻게 활용하면 될까요?

스토리 월드 툴은 크리에이티브 워크숍을 진행할 때 인풋으로 사용할 수 있습니다. 먼저 프로젝트 주제와 관련하여 체계적으로 구성된 프로필 부분을 채워봅니다. 이 과정은 새로운 해결 방안을 위한 아이디어를 생각해내는 것에 좋은 출발점이 됩니다.

또한 팀원들과 함께 여러분이 조사한 자료를 검토하며 워크시트의 각 항목을 채워나가면 이 툴을 워크숍의 활동으로도 사용할 수 있습니다. 이 과정은 여러분의 팀이 특정 개인과 그들의 세계에 대한 인식을 공유할 수 있도록 도와줍니다.

경우에 따라서는 워크시트를 인터뷰에 활용하여 이 툴을 조사 도구로도 사용할 수 있습니다. 이럴 경우 인터뷰 대상자와 대화를 나누면서 그들에 대해서 알아가고, 대상자의 일상에 대한 다른 측면을 도식화해 보도록 합니다. 이 과정은 특히 활동적이고 창의적인 대상자에게 잘 맞습니다.

프로필	맥락		기억할 만한 인용문
	연관성과 관계	물건과 장소	
			특이점

	개인	
	인지	열망

프로젝트와 수혜자들의 연관성을 파악하기 위해
외부에서 인풋 얻기

프로필

스토리 속 주인공의 사진이나 그림이 있다면 부착해주세요.

이름

나이

성별

가족관계

주거환경

직업

취미활동

맥락

연관성과 관계

주인공은 누구와 관계가 있습니까?
어떻게 관계를 맺게 되었습니까? (사람 혹은 조직 포함)

물건과 장소

가상의 개념을 포함하여 주인공과 관련 있는 물건은 무엇입니까?
언제, 어디서, 어떻게 관계를 맺게 되었습니까?

개인

인지

주인공은 자신과 주변 환경에 대하여 어떤 생각이나 믿음을
갖고 있습니까?

열망

주인공이 변화하는 모습에 대하여 어떻게 생각합니까?
그렇게 생각하게 된 계기는 무엇입니까?

기억할 만한 인용문

특이점

DIY
MEMO

이해관계자들 간의
관계를 정리하여
함께 일하는 사람들에
대하여 알아보기

이해관계자 맵   PEOPLE & CONNECTIONS MAP

이 툴은 상대적으로 복잡한 툴이므로 여러 날에 걸쳐 진행하는 것이 좋습니다. 인풋 · 아웃풋이
전략적으로 고려되어야 하기 때문에 경험자, 동료들과의 논의가 필요하며, 한 번 완성한 후 다시
수정하는 것이 좋습니다.

출처   Namahn and Yellow Window Service Design. Design Flanders (2012) Stakeholder Mapping.
In: Service design toolkit.

⑮ DIY

이해관계자 맵 PEOPLE & CONNECTIONS MAP

어떤 효과가 있으며
언제 사용해야 할까요?

이해관계자 맵(People & Connections Map) 툴은 빠르고 쉽게 프로젝트의 잠재적 수혜자들과 그들에게 접근할 수 있는 방법을 시각화할 수 있는 툴입니다. 이 툴을 통해 프로젝트에 연관된 각기 다른 조직과 개인을 개괄적으로 살펴볼 수 있으며, 그들이 프로젝트에 어떻게 연관되어있는 지에 대한 관계도 더욱 명확히 알 수 있습니다. 이는 프로젝트에 직접적으로 관여하는 사람들과 커뮤니티, 프로젝트에 자금을 지원해 주고 있거나 여러분이 지원을 받으려고 고려 중인 여러 조직들, 여러분의 동료, 지역 커뮤니티, 국제지원 조직까지 포함합니다.

이해관계자 맵 툴은 여러분의 프로젝트와 이해관계자들을 서로 연결하고 그들과 여러분의 프로젝트를 공유하고자 할 때 훌륭한 자원이 될 것입니다. 이 툴은 헬싱키 디자인 연구소가 개발한 '이해관계자 방사형 도형(Stakeholder Spidergram)'을 기반으로 만들어졌으며, 나만과 옐로우 윈도우의 '이해관계자 맵핑(Stakeholder Mapping)' 툴에서도 영감을 받아 개발되었습니다.

❓ 어떻게 활용하면 될까요?

먼저 워크시트의 중심부에 프로젝트 수혜자, 사용자, 고객 등 여러분이 프로젝트의 타깃으로 생각하는 대상을 적습니다. 그런 다음 가운데서부터 바깥 쪽으로 나아가면서 프로젝트에 관련된 사람들과 조직들을 채워나가도록 합니다. 이 관계자들은 여러분 자신과 함께 프로젝트를 수행할 책임자가 될 것입니다.

워크시트의 각 원에 프로젝트 관계자들을 채워 넣어 정리함으로써, 각각의 관계자들 중 어떤 조직이나 사람들이 프로젝트 타깃에 가까운지 알 수 있습니다. 가운데에 있는 원에 더 가까울수록 프로젝트에 더욱 영향을 미칠 것이고, 바깥쪽에 있는 원에 가까울수록 관련성이 떨어진다는 것을 의미합니다.

이 과정을 통해 보건, 안전, 환경, 교육과 같이 구체적인 네트워크, 섹터, 관심 분야에 따라 대상을 분류할 수도 있습니다. 이는 여러분의 프로젝트와 관련 있는 특정 분야를 선택하도록 합니다.

일단 워크시트를 하나씩 다 채운 뒤에 팀원들과 함께 각 이해관계자에 대하여 논의해봅니다. 이 과정에서 만약 팀원들이 더 좋은 아이디어를 낸다면 위치를 재배치해도 좋습니다. 이렇게 팀원들과 논의과정을 거치면 어떤 조직 간의 관계가 중요하고 어디에 더욱 주의를 기울여야 하지 알 수 있습니다. 이렇게 원형으로 조직도를 만들고 그들의 관계를 명확히 함으로써 프로젝트의 중심을 잃지 않을 수 있을 것입니다.

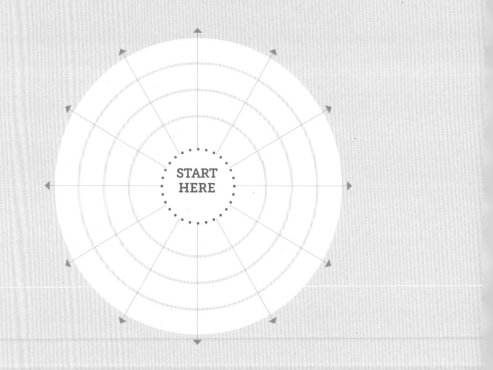

이해관계자들 간의 관계를 정리하여
함께 일하는 사람들에 대하여 알아보기

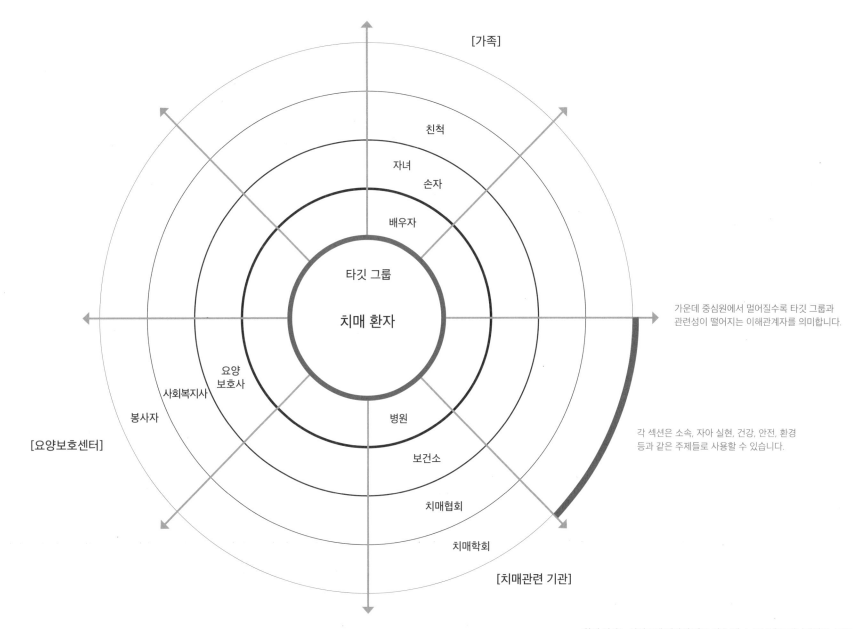

[가족]

친척

자녀

손자

배우자

타깃 그룹

치매 환자

가운데 중심원에서 멀어질수록 타깃 그룹과
관련성이 떨어지는 이해관계자를 의미합니다.

요양
보호사

사회복지사

봉사자

병원

[요양보호센터]

보건소

치매협회

각 섹션은 소속, 자아 실현, 건강, 안전, 환경
등과 같은 주제들로 사용할 수 있습니다.

치매학회

[치매관련 기관]

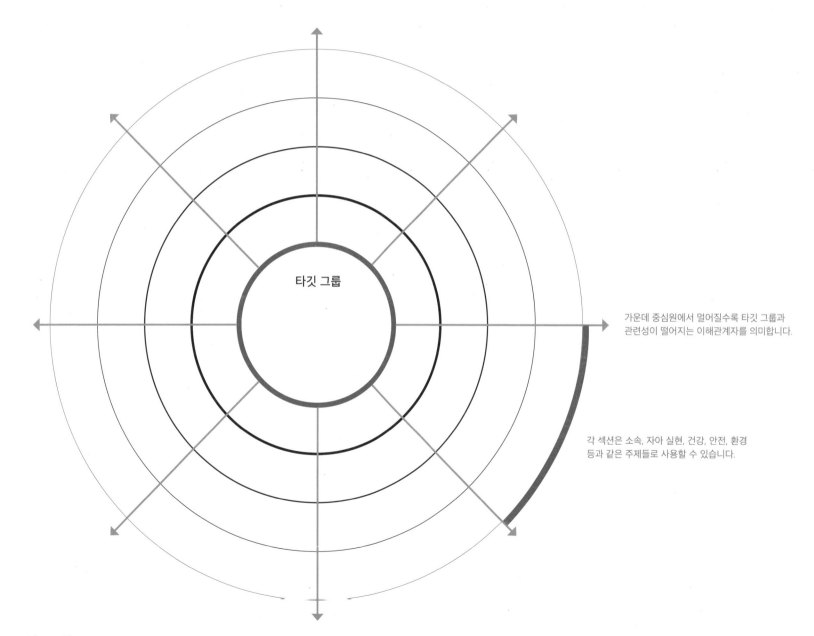

타깃 그룹

가운데 중심원에서 멀어질수록 타깃 그룹과
관련성이 떨어지는 이해관계자를 의미합니다.

각 섹션은 소속, 자아 실현, 건강, 안전, 환경
등과 같은 주제들로 사용할 수 있습니다.

타깃 그룹을
명확히 정의하여

함께 일하는 사람들에
대하여 알아보기

타깃 그룹   TARGET GROUP

이 툴은 상대적으로 복잡한 툴이므로 여러 날에 걸쳐 진행하는 것이 좋습니다. 인풋 · 아웃풋이
전략적으로 고려되어야 하기 때문에 경험자, 동료들과의 논의가 필요하며, 한 번 완성한 후 다시
수정하는 것이 좋습니다.

출처   Nesta (2009) Worksheet 3a: Your Customers. In: Creative Enterprise Toolkit

❶❻ DIY

타깃 그룹 TARGET GROUP

어떤 효과가 있으며
언제 사용해야 할까요?

모든 프로젝트 참여자나 조직이 하는 근본적인 질문은 '수혜자가 진정 원하는 것을 어떻게 더 잘 이해할 수 있을까?'일 것입니다. **타깃 그룹 (Target Group)** 툴은 앞으로 여러분의 프로젝트가 영향을 미치게 될 여러 사람들에 대해 이해하고 이를 위해 필요한 자원을 개발하고 이 작업에 대한 개요를 만들 수 있는 쉽고 빠른 방법입니다.

타깃 그룹 툴은 수혜자 선정과 그 이유 등과 같이 초기에 아이디어를 만들어나갈 때 아주 유용하게 쓰입니다. 또한 이 툴을 통하여 다른 사람들과 효과적으로 정보를 교환할 수 있습니다.

❓ 어떻게 활용하면 될까요?

먼저 프로젝트의 수혜자나 수혜기관이 무엇을 필요로 하는지 고려하여 워크시트를 채워나갑니다. 이 프로젝트의 잠재적 이해 관계자에 대해 메모를 해두며, 미처 발견하지 못한 다른 잠재적 수혜자나 이해관계자가 있는지 생각해봅니다. 이들은 단순히 고객 이상의 의미를 지닐 것입니다.

각 그룹마다 별도의 워크시트를 하나씩 사용하여도 좋습니다. 이렇게 워크시트를 채워가며 잠재적 수혜자에 대한 그림을 머릿 속에 그려볼 수 있습니다. 워크시트 아래 부분에는 관계자들을 더욱 깊이 이해할 수 있도록 구체적인 부분을 채워 넣도록 합니다.

각 그룹마다 이름이나 설명 문구를 워크시트에 추가하면 유용하게 쓰일 것입니다. 만약 아직 이름이 없다면 편한 대로 그룹을 대표할 이름을 생각해보도록 합니다. 이 과정을 거치면 팀원이나 이해 관계자들과의 토론이 더욱 쉬워질 것입니다. 친구나 동료와 하듯이 비공식적으로 이 워크시트를 채워나가거나 공식적으로 파트너나 투자자과 미팅을 하며 사용할 수도 있습니다. 만약 프로젝트와 관련이 있는 다른 수혜자와도 이 과정을 함께 할 수 있다면 여러분들의 가설을 확인해볼 수 있는 좋은 기회가 될 것입니다.

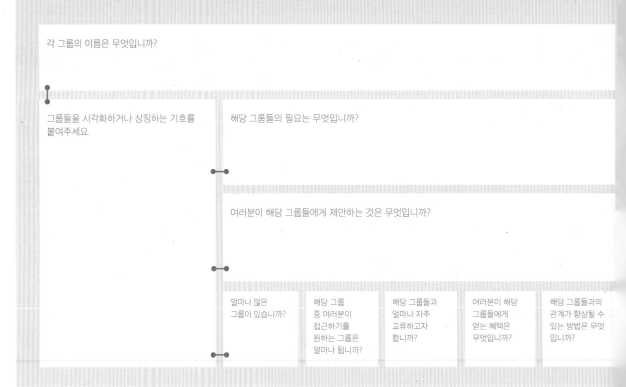

각 그룹의 이름은 무엇입니까?

그룹들을 시각화하거나 상징하는 기호를 붙여주세요.

해당 그룹들의 필요는 무엇입니까?

여러분이 해당 그룹들에게 제안하는 것은 무엇입니까?

얼마나 많은 그룹이 있습니까?

해당 그룹 중 여러분이 접근하기를 원하는 그룹은 얼마나 됩니까?

해당 그룹들과 얼마나 자주 교류하고자 합니까?

여러분이 해당 그룹들에게 얻는 혜택은 무엇입니까?

해당 그룹들과의 관계가 향상될 수 있는 방법은 무엇입니까?

개인의 주요 특징을
시각화하여

함께 일하는 사람들에
대하여 알아보기

▽

퍼소나   PERSONAS

동료들과의 대화가 필요합니다. 하루 정도 시간을 내서 동료들과 함께 워크시트를 채우고 소통할
수 있도록 미리 준비합니다.

출처 Business Design Toolkit (2010) Personas

어떤 효과가 있으며
언제 사용해야 할까요?

퍼소나(Persona) 툴은 목표 청중 내의 특정그룹과 원활히 소통하기 위해 기준으로 설정한 사실적인 가상 인물이라고 할 수 있습니다. 이 퍼소나는 유사한 사람들의 행동, 동기와 같은 특징을 모아 만들어진 전형적인 인물입니다. 공통된 특징을 가지고 있는 가상의 인물을 살펴봄으로써 개인의 중요한 특징을 아주 작은 요소들까지 놓치지 않고 들여다볼 수 있게 됩니다. 이를 통하여 한 그룹을 대표하는 추상적인 설명에 의존하는 것이 아니라 대상 그 자체에 집중하게 됩니다.

성공적인 퍼소나를 만들기 위해서 가장 중요한 과정은 무엇을 포함시키고 무엇을 배제할 것인지를 선택하는 것입니다. 대부분 퍼소나는 세부사항이 포함된 다양한 정보를 통하여 만들어집니다. 이러한 많은 정보 속에서 성공적인 퍼소나를 만들 수 있는 팁은, 먼저 퍼소나의 기반이 될 수 있는 공통된 특징이 무엇이며 그 특징들 중에서 생명력을 불어넣을 수 있는 것이 무엇인지 생각해보는 것입니다. 일단 이 과정을 제대로 수행하면 여러 아이디어를 도출하고 잠재적인 해결 방안을 수혜자의 관점으로 테스트 해보는 데 많은 도움이 될 것입니다. 경우에 따라서는 목표 청중 안에 존재하는 각 소그룹의 주요 특징에 집중하기 위해 여러 개의 퍼소나를 만드는 방법도 유용합니다.

 어떻게 활용하면 될까요?

퍼소나는 한 조직이 관심을 갖는 각각의 소그룹을 대표합니다. 각 퍼소나의 선호사항, 일상, 동기를 이해함으로써 특정 소그룹을 위한 맞춤 제품과 서비스를 제공할 수 있게 됩니다.

먼저 여러분이 목표로 삼고 있는 퍼소나 중 하나를 대표하는 전형적인 인물을 골라 워크시트를 작성해보도록 합니다. 이 때 이름, 사진, 관심사, 능력, 동기에 대한 설명을 더하며 가능한 한 전형적인 인물에 가깝게 퍼소나를 만들어 봅니다.

여러분의 상황에 맞게 작성하되 이 퍼소나와 연계하여 다른 세부 사항들을 자유롭게 추가해보도록 합니다.

사진 또는 그림 추가	퍼소나는 누구인가요?	퍼소나가 당신과 관계를 맺을 3가지 이유	퍼소나가 당신과 관계를 맺지 않을 3가지 이유
		1.	1.
		2.	2.
퍼소나 이름			
청중 분류		3.	3.

퍼소나의 관심사	퍼소나의 성격	퍼소나의 재능	퍼소나의 꿈	퍼소나의 사회적 환경

개인의 주요 특징을 시각화하여
함께 일하는 사람들에 대하여 알아보기

퍼소나
PERSONAS

사진 또는 그림 추가

퍼소나 이름:

청중 분류:

퍼소나는 누구인가요?

퍼소나가 당신과 관계를 맺을 3가지 이유

1.

2.

3.

퍼소나가 당신과 관계를 맺지 않을 3가지 이유

1.

2.

3.

퍼소나의 관심사

퍼소나의 성격

퍼소나의 재능

퍼소나의 꿈

퍼소나의 사회적 환경

⊗ DIY

+ **툴**: 퍼소나, 타깃 그룹
+ **기관**: UNDP 우즈베키스탄
+ **국가**: 우즈베키스탄
+ **분야**: 지역원조, 교육

우즈베키스탄 공공교육부 산하의 아동 스포츠 개발기금은 스포츠 시설들에 대규모 투자 프로그램이 진행되고 있음에도 수도를 제외한 다른 지역에서는 스포츠 시설 사용이 저조한 문제를 해결하고자 하였습니다.

아동 스포츠 개발기금은 특히 스포츠 활동으로 얻을 수 있는 이점에 대한 부모 인식의 부족과 스포츠를 장려하지 않는 문화 또는 스포츠 활동을 허락하지 않는 경우 등 많은 제약이 있는 소도시 여학생에 주목하였습니다.

스포츠 시설 무료 이용을 위해 기반시설 건립과 프로그램 수립에 대대적인 투자가 진행되고 있음에도 불구하고 사용률이 저조한 상황을 어떻게 해결할 수 있을까요?

워크숍 참가자들이 작성한 타깃 그룹과 퍼소나 워크시트

툴의 활용 이유

우리는 '사회적 통합을 위한 스포츠'라는 주제에 초점을 맞춰 지역 대학 학생들과 함께 사회혁신 워크숍을 진행했습니다. 이 워크숍을 통해 나온 프로젝트들 중 타당한 제안은 최대 1,500달러를 지원했습니다. 프로젝트 제안서를 만드는 동안 우리는 몇 가지 툴을 사용하였는데, 이 툴들은 사용자를 고려하는 데 초점을 맞춘 타깃 그룹 툴, 퍼소나 툴과 가상의 문제와 솔루션에 초점을 맞춘 문제 정의 툴, 원인 다이어그램 툴 이었습니다.

우리는 다음의 세 가지 주요 기준에 따라 이 툴들을 선택했습니다.

- 상업적 요인을 제외한 소규모 자원봉사 프로젝트에 적절한가?
- 관념화, 문제정의, 사용자 산출을 강조 하는 사회적 혁신 프로세스의 초기 원형 (Prototype) 단계에도 적용 가능한가?
- 교실이나 워크숍에서 한 시간 미만으로 수행이 가능한가?

툴의 활용 방안

학생들은 타깃 그룹과 퍼소나 툴을 이용하여 미래의 스포츠 시설 이용자들이 어떤 세부 적인 특징을 가지고 있을지 생각해볼 수 있었습니다. 예를 들어 '전통적인 가정에서 의 가장'에 대하여 이야기할 때 학생들은 단순히 의미를 일반화하는 것에 그치지 않고, '가장'이라는 존재가 어디에서 주로 활동하고 어떤 일을 하며 어떤 의미를 지니고 어떤 대중매체를 이용하며 현대기술에 대해 어떻게 생각하는지 등과 같은 구체적인 특징을 잡아낼 수 있었습니다. 즉 이 툴을 통해 직접 상대방의 입장에서 생각해볼 수 있었을 뿐만 아니라 타깃 그룹의 특징을 알 수 있었던 것입니다.

우리는 타깃 그룹에 속해 있는 각 개인이 지닌 개성을 파악 하고 정말로 그들이 원하는 것이 무엇인지 그들의 전체적인 삶이 어떤 모습인지 이해하는 것이 문제 해결에 아주 중요한 부분임을 깨닫게 되었습니다.

툴의 활용 결과

우리는 타깃 그룹에 속해 있는 각 개인이 지닌 개성을 파악하고 정말로 그들이 원하는 것이 무엇인지 그들의 전체적인 삶이 어떤 모습인지 이해하는 것이 문제 해결에 아주 중요한 부분임을 깨닫게 되었습니다.

툴을 이용할 때의 팁:

- 퍼소나 툴을 이용할 때, 해결하려는 문제가 여러 사회집단을 아우를 수 있음을 고려 하여 하나의 퍼소나에만 집중하기보다 다양한 퍼소나를 만드는 것이 좋습니다.
- 워크숍에서 툴을 사용하기 전에 미리 정보를 수집해 두는 것이 좋습니다.

⊕ DIY

+ **툴:** 퍼소나
+ **기관:** UNDP KOSOVO
+ **국가:** 코소보
+ **분야:** 지역 거버넌스

팀원들과 저는 정책결정자와 청년을 이어줄 수 있는 방법을 찾는 프로젝트를 진행 중입니다.

UN WOMEN과 함께하고 있는 이 프로젝트는 정치계에서 활동하는 여성 롤모델과 트위터상에서 토론을 진행하는 프로그램이었습니다. 하지만 우리는 이 프로젝트의 대상을 더 잘 이해하고 구체화하는 데에 어려움을 겪고 있었고, 퍼소나 툴을 이용하여 문제를 해결하고자 하였습니다.

툴의 활용 이유

6명으로 구성된 우리 팀은 2시간 30분 동안 이 툴을 이용해 워크숍을 진행하였고, 외부 개입을 최소한으로 줄인 채 각각 퍼소나를 만들었습니다. 이 워크숍을 통해 우리는 트위터와 같은 온라인 채널을 넘어서, 평소에 접점이 없던 젠더 분야 활동가와 학생들이 다른 방식으로 소통해야 할 필요성을 깨닫게 되었습니다. 또한 트위터 사용이 친숙하지 않은 일부 사람들을 고려하여 페이스북으로 소통하거나, 실제로 만나서 그들의 문제를 이야기하는 등 더욱 다양한 사람들이 참여할 수 있는 방법이 필요함을 알게 되었습니다.

툴의 활용 방안

이 퍼소나 툴을 이용해 우리는 활동의 핵심 대상을 좁혀나갈 수 있었으며, 그들이 온라인상의 토론에 참여할 때 겪게 될 어려움을 이해할 수 있었습니다.

이뿐만 아니라 우리가 진행하고 있는 지원 사업들을 오프라인과 온라인 행사들로 적절히 혼합하여 구성해야 하며, 일정 부분은 대학교와 함께 하거나 혹은 학생회를 통해 수행해야 함을 보다 명확히 알 수 있었습니다.

제안이 사용자에게 미칠 영향을 정의하여 함께 일하는 사람들에 대하여 알아보기

사용자 & 솔루션 맵 PROMISES & POTENTIAL MAP

동료들과의 대화가 필요합니다. 하루 정도 시간을 내서 동료들과 함께 워크시트를 채우고 소통할 수 있도록 미리 준비합니다.

출처 IDEO (2011) Deliver: Plan a pipeline of solutions, p135. In: IDEO. Human Centered Design Toolkit. Edition 2. London: IDEO

18 DIY

사용자 & 솔루션 맵 PROMISES & POTENTIAL MAP

어떤 효과가 있으며
언제 사용해야 할까요?

사용자 & 솔루션 맵(Promises & Potential Map) 툴은 여러분의
프로젝트가 어떤 것이고 누구를 위한 것인지 그 관계를 그려봄으로써
프로젝트의 부가가치를 정의해볼 수 있는 간단한 방법입니다. 이 툴은
이미 프로젝트에 참여하고 있는 사용자 혹은 새롭게 접근하려는 사용자
중에서 누구를 타깃으로 삼고 있는지와 관계없이, 여러분이 개발하고 있는
아이디어나 솔루션을 다이어그램으로 표현해 볼 수 있도록 도와줍니다.
각각의 아이디어는 새로운 제안이나 이미 진행되고 있던 제안으로 구분할
수 있습니다. 이러한 작업을 통해 잠재적인 새 솔루션과 과거 프로젝트의
계획을 한 장의 다이어그램에 함께 표현할 수 있으며, 두 가지가 어떻게
연관되고 누가 이로 인해 영향을 받게 될지 알 수 있습니다.

이러한 도표화 작업은 잠재적 솔루션을 수행하는데 얼마나 많은 작업이
필요하고 어떠한 이익을 얻을 수 있는지 알아볼 수 있는데 유용하게
쓰입니다. 이 워크시트는 IDEO(2011)의 '유저 앤 오퍼링(Users & Offer-
ings)'에서 착안하였으며, 이를 통해서 어떠한 아이디어나 제안이 완전히
새로운 것인지 혹은 기존의 것을 바탕으로 하고 있는지 알 수 있습니다.

? 어떻게 활용하면 될까요?

먼저 여러분의 프로젝트 혹은 팀이 각 두 축의 어디에 위치하는지
결정합니다. 각 축은 제안이 새로운 것인지 또는 기존에 있던 것
인지, 새로운 사용자를 타깃으로 하는지 혹은 기존의 사용자를 위한
것인지로 나누어져 있습니다. 이 질문을 통해 얻은 두 축이 만나는
곳이 바로 여러분의 아이디어가 위치하는 곳입니다.

여러분이 찾은 위치에 따라서 그 프로젝트가 급진적인지 점진적인지
알 수 있습니다. 즉 이 위치를 통해 프로젝트가 급진적으로 새로운
것을 시도하는 고위험군에 속하는지, 아니면 기존의 것을 차용한
저위험군에 속하는지 알 수 있게 됩니다.

만약 여러분의 프로젝트 안에 소규모 프로젝트들이 있다면, 이
소규모 프로젝트도 각각 이 다이어그램에 적용해볼 수 있습니다.
이 툴을 이용하면 프로젝트에 대하여 더 잘 이해할 수 있을 것입니다.

또한 이 툴은 브레인스토밍을 위한 아주 흥미로운 방법이 될 수
있습니다. 이 툴은 브레인스토밍을 통해 얻은 여러 아이디어의
우선순위를 정하여 제품 개발 과정에 포함시킬 수 있도록 도와
줍니다.

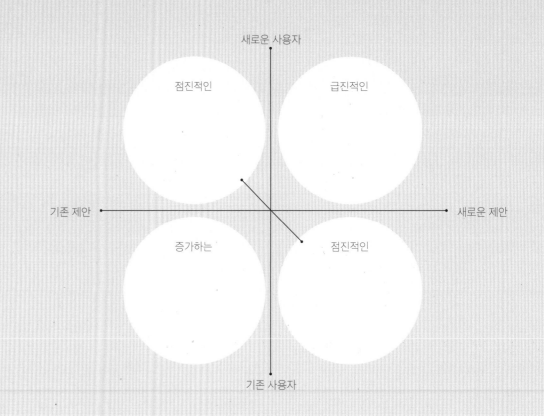

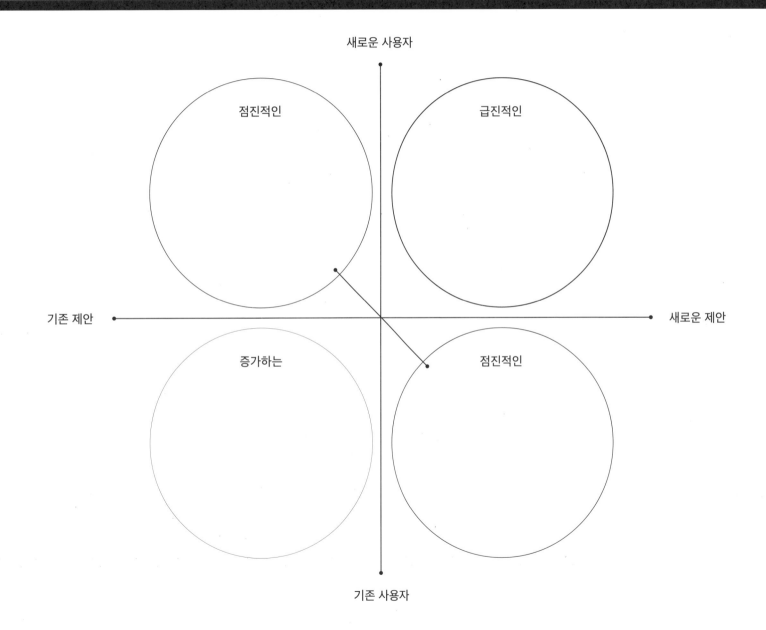

DIY
MEMO

문제를 직접 경험하고
해결하는 사람들과
함께 작업하여
새로운 아이디어 얻기

▽

크리에이티브 워크숍 CREATIVE WORKSHOP

동료들과의 대화가 필요합니다. 하루 정도 시간을 내서 동료들과 함께 워크시트를 채우고 소통할
수 있도록 미리 준비합니다.

출처 Lovlie L., Reason B., Polaine A. (2013) Service Design: From Insight to Implementation.
p60. Rosenfeld Media

어떤 효과가 있으며 언제 사용해야 할까요?

크리에이티브 워크숍(Creative Workshop) 툴은 여러분의 프로젝트와 연관되어 있거나 프로젝트에 영향을 받을 수 있는 여러 사람들을 한 자리에 모아 협업할 수 있는 기회를 만들어주는 툴입니다. 이들은 여러분의 타깃 수혜자, 파트너, 비슷한 분야에서 일하는 전문가, 서로 이익을 얻을 수 있는 다양한 집단이 포함됩니다. 이 툴은 여러 그룹이 함께 잠재적인 해결 방안을 만들고, 다양한 경험을 모아 공유할 수 있는 좋은 방법이 될 것입니다.

크리에이티브 워크숍은 특정 이슈에 대한 사람들의 관점에 매우 중요한 영감을 제공하며, 이 정보들을 바로 공유할 수 있는 환경을 제공합니다. 그러나 다양한 배경을 가진 사람들이 워크숍에 참가하므로 주의해서 세션을 구성해야 합니다. 이 툴은 여러분이 여러 그룹 간의 역학 관계를 최대한 활용할 수 있도록 도와주며, 효과적으로 세션을 기획할 수 있는 체크 리스트를 제공합니다.

? 어떻게 활용하면 될까요?

크리에이티브 워크숍은 아래와 같이 여러 가지 목적으로 활용할 수 있습니다.

- 다양한 아이디어를 개발하고 탐색하기 위해
- 가장 적합한 아이디어를 선택하고 강화하기 위해
- 향후 아이디어의 실현 방안에 대한 명확한 비전을 세우기 위해

성공적인 워크숍을 위해서는 먼저 계획을 잘 세우는 것이 중요합니다. 특히 단계별 활동 일정과 시간 배분을 명확히 계획하도록 합니다.

다음은 워크숍을 계획할 때 고려해야 할 사항들입니다.
- 워크숍 장소와 워크숍 소요시간을 결정하였습니까?
- 워크숍에 참여하는 사람들은 누구이며, 어떤 지식과 기술을 갖고 있습니까?
- 워크숍의 일정은 어떻게 구성됩니까?
- 워크숍을 소그룹별로 진행할 예정입니까? 참가자들이 서로 생각을 공유할 수 있는 방법을 구상하였습니까?
- 어떤 재료와 도구를 사용할 예정입니까?
- 결과물을 어떻게 정리할 예정입니까?

아래의 워크시트는 크리에이티브 워크숍이 어떻게 진행될 수 있는지 보여주는 하나의 예시입니다. 그러므로 매번 워크숍을 계획할 때마다 여러분이 필요한 사항이나 제약에 따라 자유롭게 추가, 생략, 재구성하는 수정의 과정을 거쳐 사용하도록 합니다.

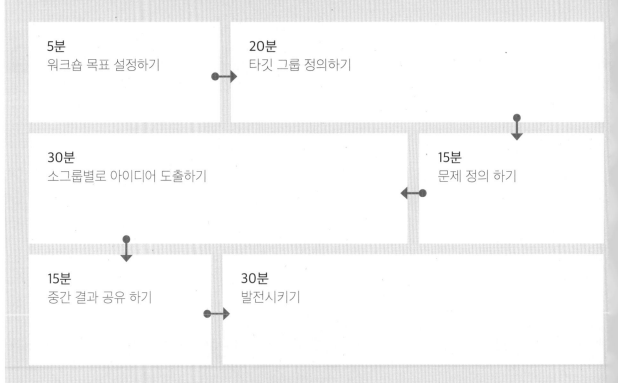

문제를 직접 경험하고 해결하는 사람들과 함께 작업하여
새로운 아이디어 얻기

5분
워크숍에 대해 소개하고 목표 설정하기

20분
타깃 그룹을 정의하고, 해결해야 할 문제들 도출하기
(적용 가능한 툴: 퍼소나 등)

30분
소그룹별로 문제 해결 아이디어 도출하기
(적용 가능한 툴: 빠른 브레인스토밍 등)

15분
가장 우선적으로 해결해야 할 문제를 선정하고 모두와 공유하기

15분
가장 실현 가능한 아이디어 선정 후 모두와 공유하기

30분
소그룹별로 구체적인 실행 계획 세우기
(적용 가능한 툴: 블루프린트, 비지니스 모델 캔버스, 변화 이론 등)

DIY
MEMO

새로운 발상을 통해
새로운 아이디어 얻기

▽

빠른 브레인스토밍   FAST IDEA GENERATOR

단순하며 혼자 실습해 볼 수 있는 툴로써 비교적 적은 시간이 소요됩니다

출처   Nesta (2013) Fast Idea Generator

20 DIY

빠른 브레인스토밍 FAST IDEA GENERATOR

어떤 효과가 있으며
언제 사용해야 할까요?

빠른 브레인스토밍(Fast Idea Generator) 툴은 여러분의 팀이 넓은 시야로 문제나 기회를 바라봄으로써 새로운 아이디어를 개발할 수 있도록 도와줍니다. 이는 잠재적인 해결 방안에 대하여 새로운 아이디어를 생각해내고 다양한 각도에서 문제를 바라볼 수 있도록 하며 기존의 제안을 강화시켜줍니다. 이 툴은 일곱 가지 접근 방법이나 도전 과제로 구성되어 있으며, 이 중에서 주어진 주제를 발전시키기에 가장 적합해 보이는 것들을 선택하여 심도 있는 논의를 이끌어내는 데에 사용하기를 권장합니다.

이 툴은 다양한 시나리오에 대한 아이디어, 문제점, 기회를 체계적으로 정리하는 데 유용하게 쓰입니다. 또한 한 개념을 다양한 방향으로 확장하고 논의를 활발하게 하여 그 개념을 더욱 공고히 하는 과정에 도움이 됩니다. 이 툴을 효과적으로 사용하기 위해서는 먼저 문제점, 기회, 콘셉트, 기존의 제안과 같은 시작 지점을 명확히 정해두어야 합니다.

? 어떻게 활용하면 될까요?

첫 번째 단계는 워크시트에 제시된 일곱 가지 도전 과제를 기존의 개념, 문제점, 기회에 하나씩 적용해보는 것입니다. 이는 짧은 시간 내에 기발한 아이디어를 많이 만들어 낼 수 있도록 일반적인 규칙을 변형, 변화, 확장시켜 대안을 생각해내도록 도와줍니다.

첫 번째 단계를 수행한 후, 아이디어를 재검토하여 그 중에서 실제 혁신으로 개발될 수 있는 가장 좋은 아이디어가 무엇인지 선택합니다.

접근 방법		일반적인 규칙	규칙의 변형, 변화, 확장
∧ 도치	일반적인 관행을 거꾸로 뒤집어보기		
∫ 통합	한 제안을 다른 제안과 통합시키기		
✕ 확대	제안을 확장하기		
∂ 차별	제안을 분할하기		
＋ 추가	새로운 요소를 추가하기		
－ 제거	무언가를 제거하기		
t 이동	다른 분야와 관련된 관행을 옮기기		
g 접목	다른 분야의 요소를 접목시키기		
∞ 과장	무언가를 가장 극적단적으로 상상하기		

새로운 발상을 통해
새로운 아이디어 얻기

접근 방법		일반적인 규칙	규칙의 변형, 변화, 확장
∧ 도치	일반적인 관행을 거꾸로 뒤집어보기	의사가 환자를 돌봅니다.	환자가 의사가 되면 어떨까요?
∫ 통합	한 제안을 다른 제안과 통합시키기	사람들이 여러 장소에서 다양한 서비스에 접근합니다.	다양한 지역 서비스가 통합된다면 어떨까요?
× 확대	제안을 확장하기	학교는 어린이와 청소년에게 낮 시간 동안 배움의 기회를 제공합니다.	학교가 스포츠와 레크리에이션도 제공하고, 방과 후에는 지역주민을 위한 프로그램을 운영하면 어떨까요?
∂ 차별	제안을 분할하기	보편적으로 적용되는 접근법이 있습니다.	서비스가 개인화되고 차별화되면 어떨까요?
+ 추가	새로운 요소를 추가하기	슈퍼마켓은 식료품을 배달합니다.	슈퍼마켓이 식료품도 배달하고 독거 시니어 자택으로 따뜻한 식사도 배달하면 어떨까요?
− 제거	무언가를 제거하기	감옥은 효과적인 형사사법제도에 매우 중요한 요소입니다.	세 곳의 감옥을 폐쇄시켜야만 한다면 어떻게 될까요?
t 이동	다른 분야와 관련된 관행을 옮기기	병원과 공항은 다른 종류의 기관입니다.	공항을 관리하는 방법이 병원에 적용되면 어떨까요?
g 접목	다른 분야의 요소를 접목시키기	가르치는 것과 코칭하는 것은 다른 개념입니다.	중학교 교육 과정 중 하나로 코칭이 포함되면 어떨까요?
∞ 과장	무언가를 가장 극적단적인 상상하기	학교는 정해진 시간과 장소 안에서만 어린이와 청소년이 배울 수 있도록 지원합니다.	학생들이 언제 어디서나 배움을 접할 수 있다면 어떨까요?

접근 방법			일반적인 규칙	규칙의 변형, 변화, 확장
∧	도치	일반적인 관행을 거꾸로 뒤집어보기		
∫	통합	한 제안을 다른 제안과 통합시키기		
x	확대	제안을 확장하기		
∂	차별	제안을 분할하기		
+	추가	새로운 요소를 추가하기		
−	제거	무언가를 제거하기		
t	이동	다른 분야와 관련된 관행을 옮기기		
g	접목	다른 분야의 요소를 접목시키기		
∞	과장	무언가를 가장 극적단적인 상상하기		

팀 멤버들과
토론을 통하여
새로운 아이디어 얻기

▽

생각 모자   THINKING HATS

동료들과의 대화가 필요합니다. 하루 정도 시간을 내서 동료들과 함께 워크시트를 채우고 소통할
수 있도록 미리 준비합니다.

출처   de Bono, E. (1985) Six Thinking Hats. USA: Little, Brown and Company

21 DIY

생각모자 THINKING HATS

어떤 효과가 있으며
언제 사용해야 할까요?

생각 모자(Thinking Hats) 툴은 현재 주어진 이슈에 집중하는 동시에 그에 대한 다양한 관점을 논의해 볼 수 있도록 도와줍니다. 이는 매우 복잡해 보이는 이슈를 다양한 관점에서 바라볼 수 있도록 하여 대화를 촉진시켜줍니다. 이 툴을 통해 아이디어를 여섯 가지의 기능과 역할로 분리하여 해당 이슈의 모든 면을 파악할 수 있는 방법을 배울 수 있습니다. 이 여섯 가지의 관점을 중심으로 대화를 풀어 나가는 것은 계속해서 이어지는 토론을 체계적으로 구성해주어 집중적인 논의를 할 수 있도록 도와줍니다. 이 툴은 『Six Thinking Hats(에드워드 드 보노, 1985)』 ('생각이 솔솔 여섯색깔모자' 등의 제목으로 국내 출간됨)에서 소개되어 널리 알려졌습니다.

각각의 모자는 특정한 관점을 나타내는 서로 다른 테마를 가지고 있습니다. 그룹 활동을 할 때, 모든 팀 멤버들이 모자들을 활용하여 특정 주제에 대해 생각해 볼 수 있도록 합니다. 이는 해당 주제에 대하여 각각의 관점에 집중하고 모든 팀원에게 의견을 얻을 수 있도록 도와줍니다. 다양한 관점으로 이미 익숙해진 이슈를 다시 생소하게 만들어 주는 것 등을 통해 어려운 문제에 대처하는 새로운 방법을 찾고 팀원들과 인식을 공유할 수 있도록 도와줍니다.

 어떻게 활용하면 될까요?

생각 모자 툴을 사용하는 방법에는 아래의 두 가지가 있습니다.

1. 먼저 모두가 동시에 같은 모자를 씁니다. 여섯 개의 모자 중에서 하나를 선택하고 토론 참여자들에게 해당 모자의 관점에서 토론 하도록 유도합니다. 여섯 개의 모자를 하나의 이슈를 논의하는데 사용하도록 합니다.
2. 모두가 각자 다른 모자를 쓰고, 다양한 관점으로 하나의 주제에 대하여 논의해 봅니다. 모자를 쓴 모든 사람들은 토론에 충분히 참여해야 합니다. 토론 중에 모자를 교환하여 참가자들이 이슈를 다른 관점에서 바라볼 수 있도록 유도할 수 있습니다.

위의 두 가지 방법 모두 팀 멤버들이 중요한 토론에 참여할 수 있도록 도와줍니다. 각각의 모자를 통해 대화를 여러 부분으로 나눌 수 있으므로, 토론이 동시다발적으로 이루어지지 않고 차례 대로 하나씩 논의할 수 있습니다. 모자를 사용하는 순서가 따로 정해져 있지는 않지만 초반에는 워크시트에 제시된 순서대로 사용하는 것이 편리할 것입니다.

처음에는 이 툴 사용이 어색할 수 있지만, 몇 번 활용해 보면 그 장점을 알게 될 것입니다.

만약 모자를 활용하기에 적절하지 않은 상황이면, 티셔츠나 배지 또는 카드에 여섯 가지의 주제를 담아 사용해도 좋습니다.

사실적

감정적

논리적

신중한

파격적

경영진 관점

팀 멤버들과 토론을 통하여
새로운 아이디어 얻기

사실적	감정적	논리적	신중한	파격적	경영진 관점

DIY

+ **툴**: 생각 모자, SWOT 분석, 퍼소나

+ **기관**: HUMANITARIAN STREETMAP

+ **국가**: 인도네시아

+ **분야**: 개방 데이터

우리는 미래의 활동 기금을 마련하기 위해서
호주-인도네시아 재해감소를 위한 시설 측에 제출할
기금 제안서를 작성하고 있었습니다.
우리는 내부전략회의를 했고, 이를 통하여 파트너와
이해관계자들에게 미래 계획에 대한 피드백을 받기 위해
개최될 워크숍의 인풋을 얻고자 하였습니다.

툴의 활용 이유

이 툴을 이용하여 우리는 어떻게 더 나은 서비스를 제공할 수 있는지, 그리고 미처 생각하지 못했던 서비스가 있는지 브레인스토밍하고자 하였습니다. 우리는 종종 프로젝트를 진행하면서 비슷한 생각에서 벗어나기 힘들거나 다른 그룹으로 타깃 범위를 넓히는 방법을 도출하기 어려운 경우가 있었습니다. 이러한 상황에서 우리는 퍼소나와 생각 모자 툴이 좋은 돌파구가 될 수 있을 것이라고 생각했습니다.

우리는 이 두 가지 툴과 함께 SWOT 분석 툴을 이용하여 우리 프로젝트의 강점과 약점에 대한 자신의 관점뿐만 아니라 직접 프로그램을 수행하는 팀원들의 관점을 이해할 수 있었습니다.

툴의 활용 방안

5시간 동안 워크숍을 진행하며 우리는 우선 작은 그룹으로 나누어 각 툴을 활용해본 다음 각자의 의견을 취합하고 기금 제안서의 각 부분에 새로운 시각을 불어넣는 작업을 해나갔습니다. 전반적으로 이 그룹 활동은 우리가 해왔던 전형적인 브레인스토밍과 비교했을 때 상대적으로 더 재미있었을 뿐만 아니라 팀워크를 향상시키는 데에 아주 효과적이었습니다.

SWOT 분석 툴은 우리 프로젝트에 효과적이었으며, 그 후에 진행된 퍼소나 툴은 특히 큰 도움이 되었습니다. 우리는 프로그램의 대상 범위를 넓히기 위한 방법을 강구하는 중이었는데, 퍼소나 툴을 이용해 기존의 타깃 그룹에서 벗어나 몇몇의 퍼소나를 시도해본 결과 아주 좋은 아이디어들을 얻게 되었습니다.

생각 모자 툴을 사용하는 데는 조금 문제가 있었습니다. 그 문제는 각 생각 모자의 이름을 설명하는 지점에서 발생했는데, 만약 또 다시 이 툴을 사용할 기회가 있다면 일단 각각의 모자 이름을 인도네시아어로 바꾸어 진행하고 싶습니다. 물론 팀원들이 모두 영어를 구사했지만 생각 모자 개념이 조금은 추상적이었던 것 같습니다.

툴의 활용 결과

이 일련의 활동을 통해 우리 팀은 공동 집필한 기금 제안서에 적합하고 분명한 인풋들을 얻을 수 있었습니다. 더 나아가 우리가 잘 알지 못했던 내부 진행과정을 이해함으로써 직원과 이사진이 함께 기획 문서를 개선시키는 데 도움이 되었습니다. 또한 이 과정들은 우리가 진행하고 있는 혁신 활동에 보다 전략적으로 임할 수 있도록 도움을 주었습니다.

툴을 이용할 때의 팁

각자의 언어 구사능력과 문화에 맞게 툴을 조정하는 것이 좋습니다

공유가치를 기반으로
프로젝트를 정리하여
새로운 아이디어 얻기

▽

가치 맵핑   VALUE MAPPING

단순하며 혼자 실습해 볼 수 있는 툴로써 비교적 적은 시간이 소요됩니다.

출처   Nesta (2009) Worksheet 2a. Your Values. In: Creative Enterprise Toolkit

어떤 효과가 있으며
언제 사용해야 할까요?

여러분이 지금 하고 있는 일을 하고있는 이유는 무엇입니까? **가치 맵핑(Value Mapping) 툴**은 여러분의 개인적인 가치와 개인적인 가치보다 넓은 조직의 가치를 정리해봄으로써 위의 질문에 대한 답을 찾는 데 도움을 줍니다. 이 과정을 통해 알아낸 가치는 여러분이 하는 일을 결정할 때 가장 큰 영향을 미칠 것입니다. 이 가치들은 여러분이 당연하게 여겼던 것이거나, 너무나 분명한 것이어서 미처 생각해보지 않았던 것, 한 번도 분명히 표현하거나 적어보지 않았던 것일 수도 있습니다. 그러나 이 가치들을 정의하는 작업은 여러분이 하고 있는 일을 동료나 파트너에게 설명할 때 매우 유용하게 쓰일 것입니다.

일단 가치에 대해 정의가 내려지면 그 가치는 일의 일관성을 유지하도록 해주며 의사결정을 단순화하여 속도를 높일 수 있는 공통의 기준으로 사용됩니다. 이 과정은 다소 단순해 보일 수 있으나 이 워크시트의 도움을 받아 제대로 진행된다면 매우 유용하게 쓰일 것입니다. 먼저 팀원들에게 개인적인 가치 지도를 만든 후 누구의 가치 지도인지 서로 맞춰 보도록 합니다. 이 툴은 프로젝트를 진행하는 동안 모든 팀원들이 서로 공통된 이해를 갖게 하는 데에 특히 유용하게 사용될 것입니다.

❓ 어떻게 활용하면 될까요?

먼저 조직에게 그리고 자신에게 가장 가치 있다고 생각하는 것을 각자 종이나 카드에 적어봅니다. 개인적인 가치는 여러분이 진정 살아 있다고 느끼게 만들고, 조직 내의 업무에 열정적으로 헌신하게 만드는 것을 의미한다는 점을 염두하며 적습니다. 어떤 이에게는 이것이 다른 사람을 돕는 일이 될 수 있고, 창의성이나 혁신이 될 수 있으며, 정직이나 생태계에 대한 인식 혹은 리더십이 될 수도 있습니다. 여러분이 인식은 하고 있었지만 다소 중요하지 않다고 생각했던 것들까지 포함하여 되도록 많이 적어 봅니다.

일단 열 개 내외로 넓은 범위의 가치들을 적어 워크시트의 해당 영역에 배치해 봅니다. 처음부터 제 위치가 어디인지 너무 고민하지 않도록 하며 제자리를 찾을 때까지 여러 번 이동시켜 봅니다. 이 작업의 초점을 맞추기 위해 '항상 중요한 가치' 칸에 최대 다섯 가지를 적어봅니다.

팀원들도 동일한 작업을 수행해봅니다. 팀원들이 워크시트를 완성하면 서로의 워크시트를 공유하고 이에 대한 의견을 하나로 통일해 봅니다. 작성자에 대해 잘 아는 사람이 작성자의 워크시트를 검토하고 그에 대한 피드백을 주면, 작성자는 자신에게 중요한 것이 무엇인지 명확하게 파악할 수 있을 것입니다. 이 과정을 팀원들과 수행해나가며 조직 전체의 중요한 가치를 세워갈 수 있습니다.

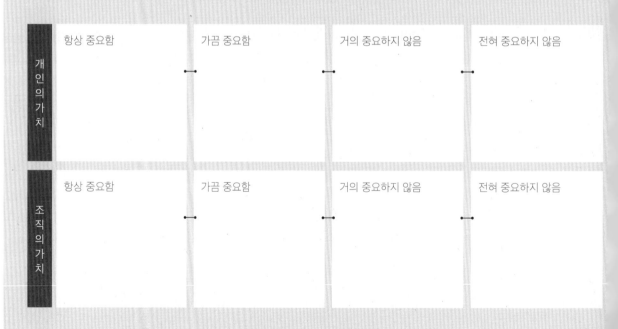

	항상 중요함	가끔 중요함	거의 중요하지 않음	전혀 중요하지 않음
개인의 가치				
조직의 가치	항상 중요함	가끔 중요함	거의 중요하지 않음	전혀 중요하지 않음

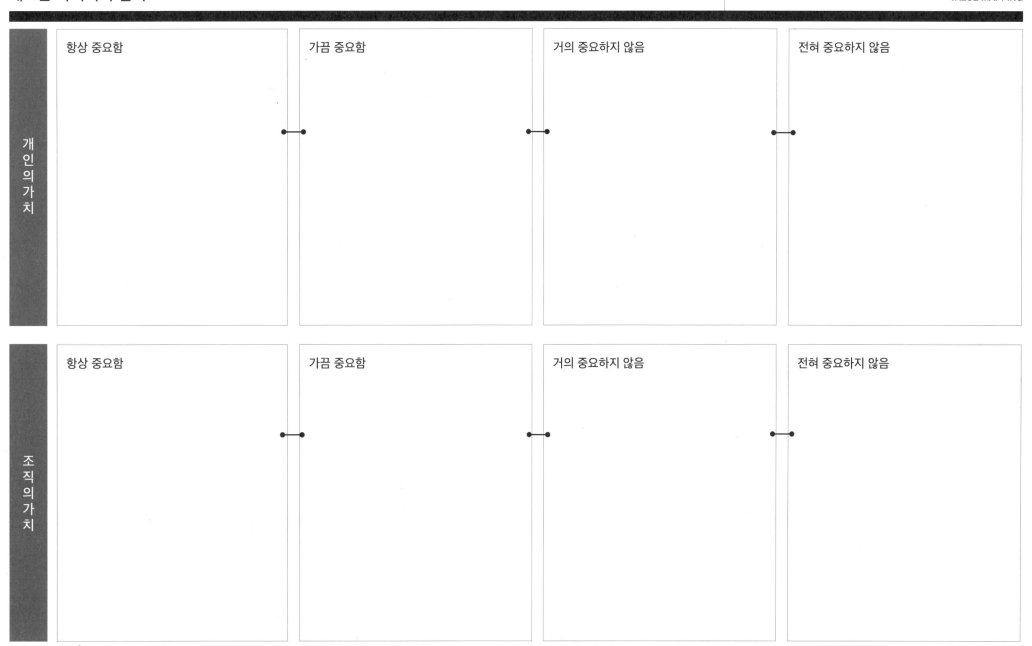

개인의 가치	항상 중요함	가끔 중요함	거의 중요하지 않음	전혀 중요하지 않음
조직의 가치	항상 중요함	가끔 중요함	거의 중요하지 않음	전혀 중요하지 않음

DIY

+ **툴:** 가치 맵핑
+ **기관:** FHI 360
+ **국가:** 인도
+ **분야:** 공공보건, 영양, 위생

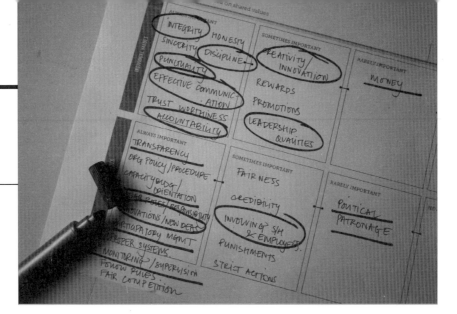

팀원들과 함께 채워 넣은 가치 맵핑 워크시트

저는 마디야 프라데시 정부에 건강, 영양, 위생 분야에 기술 지원을 하는 전문가 팀을 이끌고 있습니다. 이러한 활동을 수행하던 중에 효과적이고 효율적인 서비스 전달 관리를 방해하는 몇 가지 문제가 있음을 발견하였고, 이로 인해 사회개발이라는 실제적인 목표가 종종 소홀히 여겨진다는 문제점에 주목하게 되었습니다. 개인과 조직이라는 두 개의 큰 카테고리로 나누어지는 이 문제들은 거버넌스, 인적 자원, 조직개발 개념과 같은 부분에서 발생하고 있었습니다.

우리가 당면한 문제점 중 하나는 변화를 거부하고 현상 유지에 익숙해져 있는 조직의 분위기였습니다.

툴의 활용 이유 및 활용 방안

저는 가치 맵핑 툴을 이용해 개인과 조직의 핵심가치가 무엇인지 알아내고, 이를 통해 시스템 운영 전반적인 부분에서 가장 필요한 변화를 이끌어내고자 하였습니다. 이는 관리의 변화를 시도함으로써 기본적인 보건, 영양, 위생서비스 제공에 사용되는 자원들을 보다 생산적으로 이용하려는 것이었습니다.

먼저 우리 팀은 인적자원 관리와 조직개발 부문을 포함하는 연간 업무계획을 그려보았습니다. 각각의 가치들을 위의 그림과 같은 4개의 칸에 나누어 적는 것은 생각보다 어려웠고, 실제 상황에서는 각 가치들이 개인과 조직 양쪽에 중복으로 기재되는 부분이 많았습니다. 또한 이러한 가치들은 정책 입안자의 개인적인 성향과 변화를 주도하는 역할을 하는 각 개인의 전문성에 의해 달라졌습니다.

툴의 활용 결과

이 툴을 통해 얻은 아웃풋을 우리와 긴밀하게 일해왔던 정부측과 공유하였고, 현재 정부와 구체적인 사업 논의를 진행하는 단계에 있습니다.

프로젝트에서 가장
효과적인 부분을 이해하여
프로젝트 평가 & 개선하기

개선 트리거(촉매제) IMPROVEMENT TRIGGERS

단순하며 혼자 실습해 볼 수 있는 툴로써 비교적 적은 시간이 소요됩니다.

출처 Eberle, B (1997) Scamper Worksheet, USA: Prufrock Press

어떤 효과가 있으며 언제 사용해야 할까요?

개선 트리거(Improvement Triggers, 촉매제) 툴은 여러분의 프로젝트를 약간 다른 각도에서 바라볼 수 있는 몇 가지의 질문을 제공합니다. '스캠퍼(SCAMPER)(Eberle B. 1997)' 툴에서 영감을 받은 이 질문들은 새로운 사고를 할 수 있도록 자극하고, 기존의 제안이나 잠재적 해결 방안에 대해 다양한 방향에서 접근할 수 있도록 구성되었습니다. 이 툴은 특히 서로 상충되는 해결 방안이 많이 존재하는 분야에서 여러분의 사업을 더욱 강화할 수 있는 좋은 방법이 될 것입니다.

이 워크시트의 질문들은 '새로운 모든 것은 기존의 것의 변형'이라는 가정하에 만들어졌습니다. 이것이 항상 절대적으로 옳다고 할 수는 없지만 이 관점으로 접근하면 여러분의 프로젝트가 다른 프로젝트와 어떻게 구별 되는지 명확히 설명할 수 있을 것입니다.

? 어떻게 활용하면 될까요?

워크시트의 각 질문들은 조금씩 다른 관점으로 프로젝트를 바라보도록 도와줄 것입니다. 이 과정을 통해 여러분의 프로젝트가 다른 프로젝트와 다른 점이 무엇인지 앞으로 어떻게 개선할 수 있을지 등에 대한 간결한 개요를 얻는 것이 핵심입니다. 그러므로 빈 칸에 답을 적되 가능한 간단하게 적도록 합니다.

워크시트의 질문은 여러분의 생각을 이끌어내기 위한 예시이므로 관련된 다른 질문들도 생각해볼 수 있을 것입니다. 숨어 있는 개선점을 찾을 수 있도록 일곱 가지 질문을 모두 사용해보는 것이 중요합니다.

대체하기	결합하기	조정하기	수정하기	다른용도로사용하기	제거하기	뒤바꾸기

프로젝트에서 가장 효과적인 부분을 이해하여
프로젝트 평가 & 개선하기

대체하기	결합하기	조정하기	수정하기	다른 용도로 사용하기	제거하기	뒤바꾸기
업무 개선을 위해 어떠한 자원이나 자료를 대체하거나 바꿀 수 있습니까? 다른 과정의 자원 중 사용할 수 있는 것으로는 무엇이 있습니까? 어떠한 규칙을 대체할 수 있습니까?	새로운 무언가를 창출하기 위해 여러분의 업무 중 다른 측면들을 서로 결합한다면 어떤 결과가 나올 것으로 예상합니까? 서로 다른 업무 목적을 결합한다면 어떤 결과가 나올 것으로 예상합니까? 업무의 성과를 최대로 높이기 위해 어떤 것들을 결합할 수 있습니까? 새로운 접근방법을 창출하기 위해 재능과 자원을 어떻게 결합할 수 있습니까?	다른 목적이나 용도로 사용하기 위해 여러분의 업무를 어떻게 조정할 수 있습니까? 업무 조정을 위해 참고할만한 사람 혹은 사업이 있습니까? 여러분의 업무에 추가로 연결할 수 있는 부분이 있다면 무엇입니까? 새로운 영감을 얻기 위해 어떤 상품이나 아이디어를 사용할 수 있습니까?	업무를 수정하기 위해 어떤 것을 추가할 수 있습니까? 더 많은 가치 창출을 위해 어떤 것을 강조할 수 있습니까? 새로운 무언가를 창출하기 위해 업무의 어떤 요소를 강화해야 합니까?	여러분의 업무를 다른 곳에서 활용할 수 있습니까? 여러분의 업무로 이익을 얻을 수 있는 또 다른 사람이 있습니까? 여러분의 업무를 다른 환경에서 어떻게 진행할 수 있습니까? 이전 프로젝트에서 얻은 아이디어를 재사용할 수 있습니까?	여러분의 업무를 간소화할 수 있는 방법이 있습니까? 업무의 요소 중 어떤 것을 더욱 흥미롭게 만들 수 있습니까? 업무의 요소나 규칙 중 제거할 수 있는 것이 있습니까? 제거한 업무의 요소나 규칙을 대체할 수 있는 것은 무엇입니까?	업무의 수행 과정을 다르게 하거나 순서를 서로 바꾼다면 어떤 일이 일어날 것으로 예상합니까? 현재 여러분이 시도하고 있는것과 정확히 반대되는 것을 수행한다면 어떤 결과가 나올 것으로 예상합니까? 여러분의 업무를 어떻게 재구성할 수 있습니까?

DIY

CASE STUDY

+ **툴:** 개선 트리거, 퍼소나, 문제정의
+ **기관:** SBCSOL-INCUBADORA DE ENTPREENDIMENTOS SOLIDARIOS
+ **국가:** 브라질
+ **분야:** 기업가 정신과 기술개발

수공예 장인들이 바나나 섬유로 만든 제품들

이곳의 수공예품은 깊은 역사를 자랑하는 지역에서 생산되었지만 기본적이고 실용적인 단계에 머물러 있으며 시장수요를 반영하지 못하고 있었습니다.

상파울루의 수마레는 브라질의 농업 혁명 투쟁에 의해 얻게 된 정착지 중 한 곳으로, 정치적으로 깊은 역사를 지니고 있으며 오랜 기간 공동체 생활을 이어온 지역입니다. 저는 이 지역에서 바나나 섬유로 수공예품을 만드는 여성 농부 5명과 함께 전등갓, 매트, 박스와 같은 새로운 제품들을 만들고자 하였습니다. 하지만 그 수공예품들은 깊은 역사를 자랑하는 지역에서 생산되었지만 기본적이고 실용적인 단계에 머물러 있었으며 시장수요를 반영하지 못하고 있었습니다. 이 때문에 이 여성들은 뛰어난 기술을 지녔음에도 불구하고 생산한 제품들을 판매하는 데 어려움을 겪고 있음을 발견했습니다.

문제 정의 툴과 개선 트리거 툴 워크시트는 현지 상황에 맞게 변형하고 번역하여 활용하였습니다.

툴의 활용 이유

먼저 우리는 제품 개발 이전 단계에서 주목하여, 여성 수공업자들이 중요시하는 가치가 무엇인지 그들 각자가 가진 스토리가 무엇인지 분석하였습니다. 이 과정을 통해 이 스토리들이 제품 판매율을 높일 수 있는 탄탄한 기반이 될 수 있을 것이라고 생각했고 이를 이용해 새로운 제품 컬렉션을 만들고자 했습니다. 이뿐만 아니라, 원자재 수확 단계부터 제품보관 단계까지 생산-공급망의 전 과정을 살펴보면서 효율성을 높일 방법은 없는지 살펴보았습니다.

이러한 활동을 위해 우리는 퍼소나, 문제 정의, 개선 트리거 툴을 적절히 조합하여 사용하였습니다. 가장 먼저 우리는 수공업자들로부터 그들 자신과 공동체에 관한 이야기를 듣고 싶었습니다. 이를 위해 우리는 약간 변형한 퍼소나 툴을 이용하여 그들의 역사와 이야기를 알고자 하였고, 문제정의 툴을 사용하여 수공업자들이 생각하는 주요 문제를 이야기에 보충하도록 하였습니다.

저는 수공업자들이 직면한 문제들을 기회로 바라보고자 문제 정의 툴을 조정하여 활용하였습니다.

또한 문제를 다른 시각으로 조명하도록 도와주는 개선 트리거 툴을 조정하여 문제에 대한 더욱 구체적인 분석뿐만 아니라 현재 수공업자들이 가지고 있는 제품 생산 기술의 문제점을 살펴보고자 하였습니다.

이 툴을 통하여 기업가로서 사전 경험이 없는 사람들에게 '비즈니스 씽킹'이라는 개념을 소개할 수 있었습니다.

툴의 활용 방안

우리는 수공업자들에게 각자 뚜껑이 닫힌 상태의 '보물 상자'를 나누어주었고, 각 여성들이 상자 안에서 발견한 것이 무엇인지 설명하도록 하였습니다. 그 박스 안에는 거울이 있었고, 거울을 통해 수공업자들 자신의 생각, 꿈, 기술을 인식하고 다른 사람들과 나눌 수 있는 시간을 갖게 되었습니다. 이 작업 이후에 우리는 여성들을 그룹으로 나누어 각 그룹에게 퍼소나를 만들어주었습니다. 여기서 저는 퍼소나 툴을 이용하여 수공업자들이 묘사한 특징들을 바탕으로 가상의 인물을 만들었으며, 이를통해 그들이 느끼고 있는 방해 요소가 무엇인지 알아냈습니다. 이러한 일련의 과정을 거쳐 우리는 새로운 아이디어를 떠올리고자 개선 트리거 툴을 활용했습니다. 툴을 이용하여 작업할 때 종종 어떤 아이디어는 반복적으로 나오기도 했고, 가끔은 여러 질문을 섞어서 던지기도 했습니다.

하지만 결과적으로는 예상한 것보다 다양한 응답이 나와서 완성도 높은 분석을 할 수 있었습니다. 이 지역에서 적절한 장비나 자재가 부족한 상황은 아주 흔한데, 저는 PDF파일이었던 툴 워크시트를 프린트할 수 없어서 색종이와 포스트잇을 이용하여 다시 그려야 했습니다.

툴의 활용 결과

이 툴을 통하여 기업가로써 사전경험이 없는 수공업자들에게 '비즈니스 씽킹(Business Thinking)'이라는 개념을 소개할 수 있었습니다. 비즈니스 씽킹을 통해 수공업자들은 자신의 생각을 정리할 수 있었고, 비즈니스 씽킹은 뚜렷한 목표를 구축하고 각 단계에서 필요한 활동을 구체화하는 데 유용한 도구가 되었습니다.

이 툴은 교육이나 의식 수준에 관계없이 모든 사람들이 이해할 수 있도록 쉬운 언어로 제공했으며, 캔버스의 질문을 따라가며 다른 영역에서 비즈니스 모델을 개발하기 위한 확고한 가치 제안을 수립할 수 있었습니다.

프로젝트 각 단계별로
유용한 피드백을 얻어
프로젝트 평가 & 개선하기

프로토타입 테스트 계획 PROTOTYPE TESTING PLAN

동료들과의 대화가 필요합니다. 하루 정도 시간을 내서 동료들과 함께 워크시트를 채우고 소통할
수 있도록 미리 준비합니다.

출처   Nesta (2011) Prototyping in Public Spaces

어떤 효과가 있으며
언제 사용해야 할까요?

프로토타이핑(prototyping)은 어떤 새로운 것을 시도할 때 모두가 거치는 작업입니다. 이는 새로운 요리법에서부터 새로운 길을 선택하는 것까지, 한 아이디어를 시험 삼아 시도해봄으로써 개선점을 알아보는 작업입니다. 하지만 프로젝트에 있어서 프로토타이핑은 단순히 '시도해 보는 것' 이상의 의미가 있습니다. 즉 프로젝트를 본격적으로 시행하고 큰 투자를 하기 전 효율적이고 적합한 해결 방안이나 접근법을 확인할 수 있는 체계화된 방법인 것입니다.

프로토타입 테스트 계획(Prototype Testing Plan) 툴은 프로젝트를 테스트하는 다양한 방법과 테스트 시기에 관하여 기본적이고 유용한 개요를 제공합니다. 이 과정에서 여러분은 다양한 재료를 사용하면서 또는 간단히 그리거나 실제로 수행하면서 프로토타입을 만들어 볼 수 있습니다. 더불어 이 프로토타입 테스트 계획 툴은 테스트 과정을 계획할 수 있도록 도와줍니다. 이 과정을 수행할 때 가장 효율적인 방법은 각 단계를 미리 계획한 대로 밟아나가는 것입니다. 이러한 과정을 통하여 지속적으로 프로젝트를 개선시킬 수 있으며, 많은 피드백이 모였을 때 프로젝트의 방향을 잃지 않을 수 있습니다. 아이디어를 테스트하기 좋은 시점은 개발 초기 단계와 본격적으로 시행하기 직전 단계입니다.

❓ 어떻게 활용하면 될까요?

프로토타이핑은 새로운 아이디어를 찾거나 기존의 아이디어가 잘 실행되고 있는지 살펴보고 개선시킬 방법을 찾기 위한 목적으로 사용하며 다양한 단계에서 진행해 볼 수 있습니다. 프로토타입은 되도록 많이 만들어 보는 것이 좋습니다. 이 때 결과물보다는 핵심 기능에 집중하여 쉽고 저렴하게 만들 수 있는 방법을 찾는 것이 중요합니다. 어떤 아이디어를 직접 수행해 보는 편이 좋다면, 이야기하거나 생각하는 것에 그치지 말고 주변에서 쉽게 구할 수 있는 재료를 활용해보는 것이 좋습니다.

프로토타입 시험을 계획하는 기본 지침으로 워크시트를 활용하도록 합니다. 하지만 프로토타입을 통해서 테스트해보고 싶은 핵심 아이디어를 항상 명확하게 인식해야 합니다. 또한 어떻게 활동, 자원, 인력, 재료를 재분배하여 프로젝트를 개선시킬 수 있을지에 관하여 새롭게 학습한 내용을 반드시 메모해둡니다.

가설 → 시도 → 시험 → 작성

가설

여러분이 시험해보고자 하는 핵심 아이디어 또는 가설을 구체적으로 명시해봅니다.

시도

여러분의 아이디어가 실제로 실현 가능한지 시도해봅니다.

종이, 아동용 블록, 장난감이나 주위의 재료 등 무엇이든지 활용해서 아이디어를 소규모 모델로 발현하는 데 사용해봅니다. 이 과정을 통하여 여러분의 아이디어를 3차원으로 구현해 볼 수 있으며, 아이디어와 모델이 자연스럽게 연결이 가능한지 혹은 예상과 달리 어려움이 있는지를 확인할 수 있습니다.

타깃 그룹을 만나 여러분의 아이디어가 마치 이미 출시된 것처럼 연출하여 시도해봅니다. 타깃 그룹이 그 아이디어에 대해 어떻게 인지하고 사용하는지 확인합니다. 이 과정을 수행할 때 경험 맵 툴을 지침서로 사용할 수 있습니다. 아이디어 수행에 있어 대안이 있는지 알아보기 위해 다른 방법들도 시도해봅니다.

이 과정에서의 발견 경험들을 그려보고, 미처 놓친 단계가 없는지 확인하기 위해 스토리 형식으로 업무를 수행해봅니다.

시험

아이디어를 발전시킨 다음 실제로 출시하기 전에 세부 사항을 검토하기 위해 다시 시험해봅니다.

아이디어를 구현할 새로운 모델을 만들어봅니다. 이미 아이디어를 더 발전시킨 단계이므로, 새로운 모델은 작은 요소들이 서로 잘 작동하는지 알아볼 수 있도록 세부적인 사항을 포함해야 합니다.

다시 한 번 아이디어를 시험해봅니다. 이 과정에서 블루프린트(청사진) 툴을 지침서로 이용하여 새로운 모델의 요소들이 적합한지 검토해볼 수 있습니다.

더불어 이전 단계에서 수행했던 것보다 더욱 자세하게 여러분의 업무수행 경험을 그림으로 그려봅니다. 여러분이 만든 스토리의 모든 단계가 함께 효과적으로 작동하는지 시험해봅니다.

작성

아이디어를 실현시키기 위해 필요한 모든 사항들을 정리하여 목록을 작성해봅니다.

활동, 자원, 사람과 재료들을 포함하여 여러분의 아이디어를 실현하는데 필요한 요소들의 목록을 작성해봅니다.

DIY
MEMO

이해관계자들과의
접점을 정리하여
프로젝트 평가 & 개선하기

▽

경험 맵   EXPERIENCE MAP

동료들과의 대화가 필요합니다. 하루 정도 시간을 내서 동료들과 함께 워크시트를 채우고 소통할
수 있도록 미리 준비합니다.

출처 Schneider J. Stickdorn M., (2010) The Customer Journey Canvas.
In: This is Service Design Thinking. Amsterdam: BIS Publishers

어떤 효과가 있으며
언제 사용해야 할까요?

경험 맵(Experience Map) 툴은 여러분의 프로젝트를 각각 수혜자의 시각과 후원자의 시각으로 생각해볼 수 있도록 도와줍니다. 이 툴을 통하여 이해관계자들이 여러분의 프로젝트에 대하여 처음 알게 된 시점, 연락을 하게 된 시점, 어떤 생각을 하게 된 시점 등 각각의 시점과 경로를 파악할 수 있습니다. 이 시점과 경로를 알아내는 작업을 통하여 여러분이 어떻게 프로젝트를 수행하고 관계자들과 어떤 연관이 있는지 쉽게 이해할 수 있을 것입니다.

이 툴을 사용하여 각 관계자들이 여러분의 프로젝트에 대해 판단하는 순간을 쉽고 빠르게 인식할 수 있습니다. 이뿐만 아니라 각각의 시점에서 발생하는 문제가 무엇인지 그리고 어떤 기회들이 있는지 알 수 있습니다. 경험 맵 워크시트를 완성하여 복잡한 정보를 더욱 쉽게 이해할 수 있도록 간략하게 정리할 수 있습니다.

❓ 어떻게 활용하면 될까요?

먼저 프로젝트에 참여하였던 사람들의 경험을 정리하도록 합니다. 가장 풍부하고 중요한 정보들은 인터뷰를 통해서 나오므로 인터뷰한 사람마다 하나씩 각각 워크시트를 작성합니다.

개인들이 프로젝트에서 수행하였던 활동뿐만 아니라 무엇이 그들에게 동기부여가 되었는지 어떤 부분에서 만족감을 느꼈는지 알아보도록 합니다. 이 과정에서 '무엇을', '어떻게'라는 질문뿐만 아니라 '왜'라는 질문에 집중해야 합니다. 다양한 사람들의 이야기가 담긴 경험 맵 워크시트들을 완성하면, 그들이 여러분의 프로젝트를 통해 얻은 경험과 기대하는 바가 무엇이었는지 중복되는 이슈들을 비교 분석할 수 있을 것입니다. 이 툴을 통하여 프로젝트를 더욱 효과적으로 평가할 수 있으며 프로젝트의 수혜자들이 얻을 경험의 질을 개선할 수 있을 것입니다.

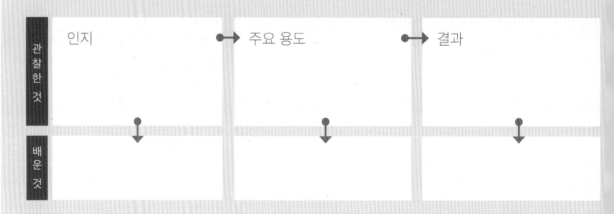

이해관계자들과의 접점을 정리하여
프로젝트 평가 & 개선하기

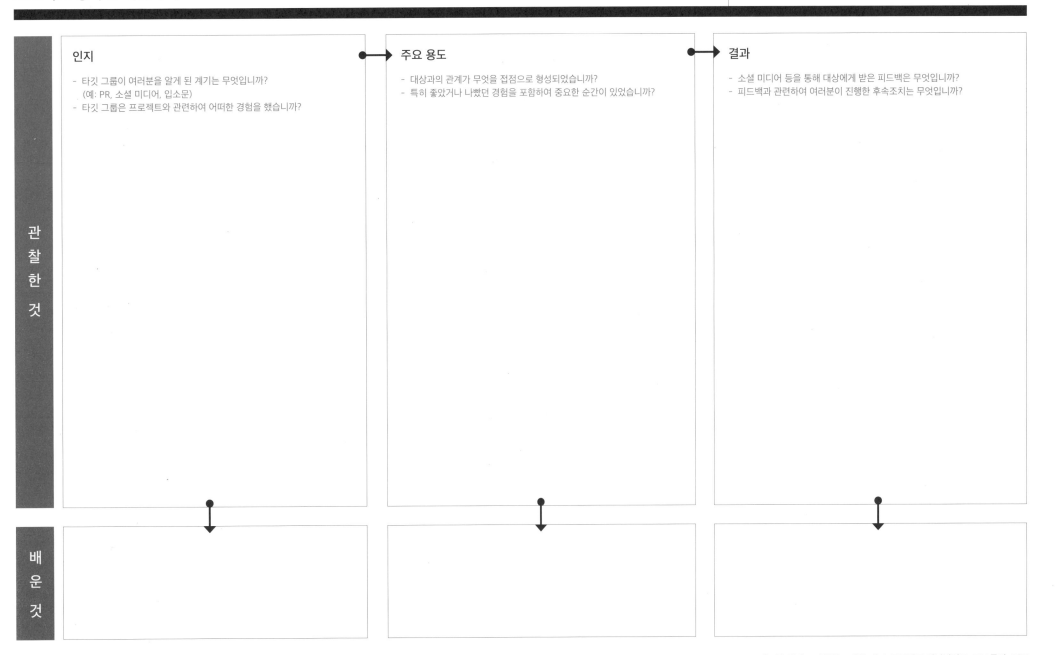

관찰한 것

인지

- 타깃 그룹이 여러분을 알게 된 계기는 무엇입니까?
  (예: PR, 소셜 미디어, 입소문)
- 타깃 그룹은 프로젝트와 관련하여 어떠한 경험을 했습니까?

주요 용도

- 대상과의 관계가 무엇을 접점으로 형성되었습니까?
- 특히 좋았거나 나빴던 경험을 포함하여 중요한 순간이 있었습니까?

결과

- 소셜 미디어 등을 통해 대상에게 받은 피드백은 무엇입니까?
- 피드백과 관련하여 여러분이 진행한 후속조치는 무엇입니까?

배운 것

프로젝트 운영과
자원에 대한 구체적인
개요를 만들어
프로젝트 평가 & 개선하기

▽

블루프린트(청사진)　　　　　BLUEPRINT

동료들과의 대화가 필요합니다. 하루 정도 시간을 내서 동료들과 함께 워크시트를 채우고 소통할
수 있도록 미리 준비합니다.

출처　The Social Design Methods Menu: Julier J., Kimbell L. (2012) Blueprint. p44

어떤 효과가 있으며 언제 사용해야 할까요?

블루프린트(Blueprint, 청사진) 툴은 조직의 핵심 활동, 제품, 서비스, 그리고 목표 청중, 이해관계자, 수혜자들과 만나게 되는 시점을 포함한 프로젝트의 전체적인 개요를 제공합니다. 블루프린트 툴을 통하여 현재 보유한 자원의 사용목적을 새롭게 설정하거나 재활용할 수 있는 방법을 명확히 할 수 있습니다. 또한 이 툴은 프로젝트의 전반적인 영향력에 대하여 생각해 볼 수 있는 기회가 될 것입니다. 이 모든 과정은 프로젝트를 개선시키고 계획을 세울 때 매우 유용하게 쓰일 것입니다.

이 워크시트를 채워나가는 작업은 프로젝트를 세분화할 수 있도록 도와주며, 워크시트 내의 '상호작용 선'은 분석을 체계화하는데 도움이 됩니다. 이 선은 목표 청중, 수혜자, 다른 이해관계자의 활동과 여러분의 조직 내에서 일어나는 활동을 구별해줍니다.

? 어떻게 활용하면 될까요?

먼저 여러분의 조직과 수혜자들 사이에서 나타나는 주요한 양상을 워크시트에 채워봅니다. 아무 칸에서부터 시작해도 좋습니다. 페이지의 가장 윗부분은 시간이 흐름에 따라 조직과 수혜자들이 만들게 될 상호작용 단계를 보여줍니다. 왼쪽 상단 박스는 여러분과 외부 관계자들과의 상호작용, 그리고 하단은 여러분의 팀 내부 활동에 관하여 적어봅니다. '상호작용 선(line of interaction)'은 외부와 내부 활동을 구분하는 역할을 합니다.

페이지 하단에는 여러분이 청중과 관계를 만들어가는 동안 이루어지는 팀 내부 활동에 대하여 기록합니다. 간략하게 누가, 무엇을, 왜 하는지, 그리고 다양한 단계들을 수행할 때 어떤 도구가 필요한지 메모해둡니다. 이를 도표화하여 프로젝트의 핵심 활동과 필요한 자원, 그리고 이들의 연관성에 관한 개요를 만들 수 있습니다.

워크시트를 채워나가는 과정은 여러분이 서비스나 제품을 만들고 전달하는 과정에서 발생하는 세부적인 부분을 생각해볼 수 있도록 도와줍니다. 또한 이렇게 채워진 워크시트를 통하여 프로젝트의 현재나 미래의 상황을 분석해볼 수 있습니다. 이 두 가지 모두 핵심적인 자원과 프로젝트를 수행하는 데 필수적인 과정들을 강조하고, 이를 각 이해관계자와 연결하는 일에 도움을 줍니다. 여러분과 함께 일하는 다른 이해관계자의 관점에서 워크시트를 작성하여 여러분의 프로젝트에 대한 반응이 어떨지, 이해관계자는 어떤 활동을 할지 예상해보도록 합니다.

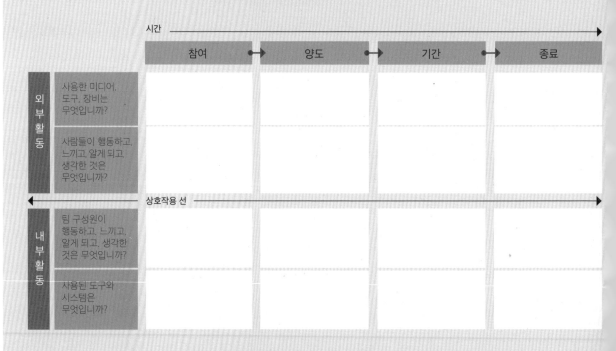

프로젝트 운영과 자원에 대한 구체적인 개요를 만들어
프로젝트 평가 & 개선하기

시간 ⟶

	참여 →	양도 →	기간 →	종료
외부 활동 — 사용한 미디어, 도구, 장비는 무엇입니까?				
사람들이 행동하고, 느끼고, 알게 되고, 생각한 것은 무엇입니까?				

◀ 상호작용선 ⟶

내부 활동 — 팀 구성원이 행동하고, 느끼고, 알게 되고, 생각한 것은 무엇입니까?				
사용된 도구와 시스템은 무엇입니까?				

DIY
MEMO

프로젝트로 혜택을
받을 수 있는 사람들을
보다 잘 연계시켜
프로젝트 수행 & 지속하기

▽

마케팅 믹스   MARKETING MIX

동료들과의 대화가 필요합니다. 하루 정도 시간을 내서 동료들과 함께 워크시트를 채우고 소통할
수 있도록 미리 준비합니다.

출처 Nesta (2009) Worksheet 4a: Marketing Mix. In. Creative Enterprise Toolkit

어떤 효과가 있으며
언제 사용해야 할까요?

여러분이 프로젝트 '마케팅'을 고려할 때, 여기서의 마케팅은 반드시 프로젝트 판매를 의미하지 않습니다. 물론 **마케팅 믹스(Marketing Mix) 툴**은 프로젝트 판매를 목표로 하는 그룹에게 도움이 됩니다. 하지만 이 툴은 프로젝트에 대한 의견을 도출할 수 있는 다른 방법을 찾도록 도와주며, 이 과정에 영향을 주는 기회로는 어떤 것이 있는지 알려준다는 점에서 유용하게 쓰일 것입니다. 이 툴은 이해관계자에게 프로젝트에 대한 동의를 얻는 데에 핵심적인 역할을 할 것입니다.

마케팅 믹스 워크시트는 여러분의 프로젝트를 수혜자의 시각으로 살펴볼 수 있도록 짜여졌습니다. 이 워크시트의 모든 요소들은 어떤 식으로든 프로젝트에 대한 사람들의 평가에 영향을 주며, 이를 통해 여러분이 실제 임팩트를 얻고자 할 때 주의를 기울여야 할 부분이 무엇인지 파악할 수 있을 것입니다. 마케팅 믹스 툴은 이해관계자들의 프로젝트 참여를 촉진할 수 있는 유용한 툴입니다.

? 어떻게 활용하면 될까요?

마케팅 믹스 툴을 실제 상업적 활동의 일환으로 간주하지 말고, 수혜자의 경험을 통하여 여러분의 프로젝트를 다시 한 번 살펴볼 수 있는 기회로 활용할 수 있습니다.

이 툴은 수혜자가 필요로 하는 부분과 수혜자의 경험을 명확히 정의 하고 여러분의 프로젝트를 개선할 수 있는 방법을 찾도록 도와줍니다.

먼저 순서에 상관없이 워크시트에 있는 빈칸을 채워보도록 합니다. 각각의 빈칸을 하나씩 채우며 납득할 만한 답이 나왔다고 느껴질 때 까지 여러분의 답을 수정해 나갑니다.

제품	유통	가격

업무 환경	과정	사람	판촉

프로젝트로 혜택을 받을 수 있는 사람들을 보다 잘 연계시켜
프로젝트 수행 & 지속하기

제품 Product
여러분의 제품을 특별하게 만드는 특징과 이점을 명확하게 담은 '제품 판매 계획'을 작성해봅니다.

유통 Place
사용자가 여러분의 제품을 어디에서 구입할 수 있으며, 구입처에 갈 수 있는 방법은 무엇입니까?

가격 Price
여러분의 제품 가격 혹은 업무 비용은 얼마입니까?

업무 환경 Physical environment
여러분의 사용자와 공급자 및 직원들은 업무 환경에 대해 어떻게 생각합니까?

과정 Process
제품을 배달하거나 업무를 수행하기 위해 어떤 절차가 진행됩니까?

사람 People
어떤 직원 혹은 대표가 이 과정에 포함됩니까?

판촉 Promotion
사용자가 여러분의 제품을 더욱 잘 인지할 수 있도록 어떤 방법을 사용할 예정입니까?

DIY
MEMO

계획대로
프로젝트 수행 & 지속하기

▽

핵심과업 목록   CRITICAL TASKS LIST

동료들과의 대화가 필요합니다. 하루 정도 시간을 내서 동료들과 함께 워크시트를 채우고 소통할
수 있도록 미리 준비합니다.

출처   Nesta (2009) Worksheet 4b: Critical Marketing Tasks. In. Creative Enterprise Toolkit

어떤 효과가 있으며
언제 사용해야 할까요?

핵심과업 목록(Critical Tasks List) 툴은 사용 가능한 예산과 기간을 고려하여 여러분이 계획한 프로젝트가 실제로 수행 가능한지 확인해볼 수 있도록 도와줍니다. 이 툴은 혼자 작업할 때도 유용하지만, 여러분이 프로젝트에 집중해야 할 때나 여러분의 프로젝트와 다른 프로젝트를 조정하는 작업을 진행할 때 더욱 유용하게 쓰일 것입니다. 이 목록은 프로젝트 진행 상황을 추적할 수 있는 보편적인 기준을 제공해주며, 이는 빨리 처리해야 하는 업무에 집중하여 전체적인 프로젝트를 잘 관리할 수 있도록 도와줍니다.

이 툴은 매우 간단하게 사용할 수 있습니다. 또한 이 툴은 프로젝트 업무량이 너무 많을 때나 여러분이 가진 아이디어를 정확히 어떻게 수행해야 할지 고민될 때 많은 도움을 줍니다. 프로젝트가 성장하기 시작하고 업무량이 늘어 프로젝트에 참여하는 사람들이 많아질 때, 여러분은 보다 역동적이고 전문적인 프로젝트 관리 툴 사용을 고려하게 될 것입니다. 이때 핵심과업 목록 툴은 여러분의 프로젝트를 체계화하는 일정한 패턴을 개발하는 데에 첫 단계가 될 것입니다.

? 어떻게 활용하면 될까요?

먼저 각각의 업무 담당자, 이용 가능한 예산, 프로젝트 완료기한, 최종 승인까지의 과정을 포함한 모든 프로젝트 활동을 나열해봅니다.

이때 최대한 구체적으로 작성해보도록 합니다. 각각의 업무 담당자와 함께 활동에 대하여 논의하고, 가능한 한 아주 구체적인 내용까지 추가해봅니다. 이때 특정한 활동을 위해 담당 역할을 임의로 구분할 수 있습니다.

핵심 업무 진척 상황은 인적자원과 예산의 측면에서 모두 정기적으로 모니터링하고 검토합니다. 계획에서 벗어난 모든 상황은 동의 절차를 거쳐 처리하거나 수정하도록 합니다.

| 활동 | ➡ | 업무 담당 | ➡ | 예산 | ↔ | 최종기한 | ➡ | 종료 |

활동	➜	업무 담당	➜	예산	➜	최종기한	➜	종료

DIY

+ **툴:** 핵심과업 목록, SWOT 분석, 질문 사다리

+ **기관:** MP TECHNICAL ASSISTANCE AND SUPPORTIVE TEAM (MPTAST)

+ **국가:** 인도

+ **분야:** 공공 보건, 영양, 위생

인도 중앙에 위치한 마디야 프라데시 주는 전국 평균에 비해 매우 높은 유아 사망률과 산모 사망률을 보이고 있습니다.

우리 프로그램은 보건부, 여성과 아동 개발·공공보건공학 개발부와 긴밀히 협조하여 인도 마디야 프라데시 주 지역 내 산모사망률, 영아사망률, 영양부족 등을 줄이려 노력하고 있습니다.

인도 정부가 개발한 온라인 모니터링 시스템을 통해 정자와 난자가 수정된 직후부터 영아가 한 살이 될 때까지 정부가 산모들에게 제공하는 혹은 앞으로 제공하려 계획 중인 다양한 서비스를 관리하고 있습니다. 이 시스템은 산모사망률과 영아사망률을 줄이고 서비스를 원활히 제공하는 데 매우 중요한 역할을 하고 있습니다.

하지만 여전히 이 추적시스템을 실행하기 위해 추가적인 작업이 필요한 상황입니다.

툴의 활용 이유

저와 팀 동료들은 변화 이론과 원인 다이어그램을 하나의 조합으로, SWOT 분석, 질문 사다리, 핵심과업 목록을 또 다른 조합으로 사용하였습니다. 우리 프로그램의 목적은 온라인 모니터링 소프트웨어 사용을 늘릴 수 있는 방법을 찾고 모든 이해관계자가 각자의 기능을 발휘할 수 있도록 그들의 역할, 인센티브와 긴급상황 전략을 재정의하는 것이었습니다.

우리는 이 툴 조합을 이용하여 비교적 쉬운 문제들을 재검토하고 해결할 수 있었으며, 그 다음 다른 툴 조합을 통해 잠재적인 팀 동료들을 찾고 문제 해결을 수행하기 위한 핵심 과정을 알 수 있었습니다.

툴의 활용 방안

우리는 마디야 프라데시의 한 지역에서 이 툴들을 이용한 시범 사업을 진행하였습니다. 먼저 현장에서 활동하고 있던 팀들인 지역 보건 공무원, 보조 간호 산파 팀, 공인 사회 보건 보조 활동가들에게 이 사업의 목적을 설명하였습니다.

우리가 점검했던 항목들은 아래와 같습니다.

1. 온라인 모니터링 소프트웨어가 전혀 업데이트 되고 있지 않는 이유가 무엇인가?
2. 어떤 사람들이 참여하고 있으며, 그들의 역할은 무엇인가?
3. 문제를 해결하기 전에 살펴봐야 할 고질적인 문제점으로는 어떤 것들이 있는가?

이 과정을 거친 후에 우리는 SWOT 분석, 질문 사다리, 핵심과업 목록 툴들을 결합하여 사용했습니다.

| SWOT 분석 |

이 툴을 통하여 팀의 강점과 약점에 대하여 이해하고, 더 효율적인 활동을 위하여 할 수 있는 일이 무엇인지 알아낼 수 있었으며, 팀 멤버들이 업무에 책임감을 갖도록 도와주었습니다.

| 질문 사다리 |

이 툴을 이용하여 전체 팀의 인풋과 합의를 반영하여 개인의 책무를 재정립할 수 있었습니다.

| 핵심과업 목록 |

이 툴은 새로운 계획을 수행하기 위한 추진 일정을 만드는 데 도움이 되었습니다.

툴의 활용 결과

SWOT 분석은 팀 멤버들이 스스로의 강점을 검토하고 각 개인이 팀 활동에 어떻게 영향을 미치는지 이해하는 데 도움이 되었습니다. 또한 반대로 팀 활동이 개인에게 미치는 영향에 대해서도 이해하는 기회가 되었습니다. 이뿐만아니라, 이 툴을 이용하여 우리가 미처 생각하지 못했던 시스템 작동에 방해가 될 수 있는 요소들을 예상해볼 수 있었습니다.

질문 사다리 툴을 이용함으로써 우리는 업데이트된 시스템에서의 새로운 업무들, 추진 일정들을 새롭게 분장 받을 팀 멤버들이 누구인지 미리 알아볼 수 있었습니다. 이 전 과정은 직간접적으로 관련된 모든 사람의 합의하에 참여적인 분위기에서 진행됐습니다.

우리에게 프로그램 개발이나 개선 작업, 성과 측정은 서로 밀접히 연관되어 있습니다.

우리는 핵심과업 목록 툴을 이용하여 서비스 시스템 업데이트를 위한 새로운 스케줄을 계획하였고, 새로운 시스템의 효과에 대하여 피드백을 받을 수 있는 지표를 만들 수 있었습니다. 모든 시범 사업 단계에서는 사업규모 확장 전에 예상했던 변화와 실제 변화를 측정하는 것이 아주 중요합니다. 이 중요한 변화 측정 과정을 핵심과업 리스트 툴을 이용하여 보다 쉽게 정리할 수 있었습니다.

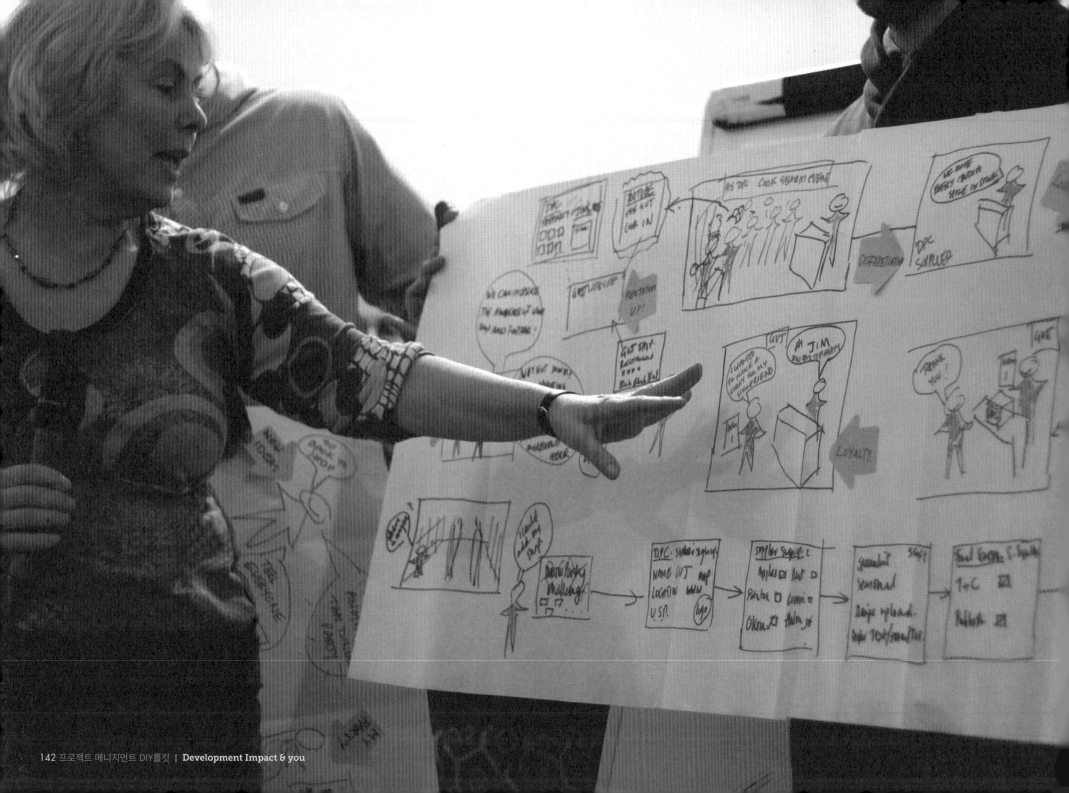

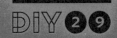

새로운 프로젝트에 착수하거나
현재 프로젝트를 확장시켜
프로젝트 수행 & 지속하기

▽

비즈니스 플랜   BUSINESS PLAN

동료들과의 대화가 필요합니다 하루 정도 시간을 내서 동료들과 함께 워크시트를 채우고 소통할
수 있도록 미리 준비합니다.

출처 Gov. uk (2013) Write a Business Plan

어떤 효과가 있으며
언제 사용해야 할까요?

비즈니스 플랜은 여러분이 프로젝트를 진행할 때 무엇을 어떻게 할 것인지 체계적으로 설명해줍니다. 프로젝트 계획을 세울 때는 해결하려고 하는 문제를 분명히 명시하고, 어떤 방법으로 문제를 해결하고자 하는지에 대한 비전을 생각해 봅니다. 또한 여러분이 계획하고 있는 해결 방안이 다른 방안과 비교하였을 때 더욱 적합한 이유를 설명할 수 있어야 합니다. **비즈니스 플랜 (Business Plan) 툴**은 잠재적인 자금 제공자에게 그들의 자금이 어디에 사용될 것인지 알려줄 때 필수적으로 사용됩니다. 더불어 이 워크시트에는 경영팀에 대한 소개, 마케팅 계획, 운영·재정 계획, 그 밖의 필수사항을 포함하도록 합니다. 이는 자금지원 파트너들이 원하는 언어를 사용하여 그들이 관심을 가질 만한 부분을 계획에 포함해야 한다는 것을 의미합니다.

비즈니스 모델 캔버스 툴이 여러분이 무엇을 어떻게 하고자 하는지 사업에 대한 개요를 제공한다면, 비즈니스 플랜 툴은 여러분이 이 사업을 실제로 수행하기 위한 운영 및 경제적 기반에 대해 세부적인 내용을 제공합니다. 비즈니스 플랜 워크시트를 체계적으로 채워나가면 여러분의 아이디어가 어떠한 현실적인 노력을 통해 임팩트를 창출해낼지 알 수 있을 것입니다.

❓ 어떻게 활용하면 될까요?

이 워크시트는 여러분이 사업 계획을 세울 때 명심해야 할 주요 사항들을 보여줍니다.

비즈니스 플랜을 세울 때 가장 쉬운 방법은 먼저 초안을 빨리 작성한 다음 계속 수정해나가는 것입니다. 계속해서 수정작업을 거치게 될 것이기 때문에 초안에 너무 많은 시간을 쓰지 않도록 합니다. 이렇게 수정해나가는 과정에서 프로젝트에 관한 좋은 아이디어들이 떠오를 것입니다.

먼저 사업 개요 부분을 작성하며 워크시트를 채워나갑니다. 개요 부분은 사업의 핵심 아이디어와 필요성, 시장에 관하여 몇 개의 문단으로 구성됩니다. 또한 활동계획과 팀의 강점을 설명하는 부분을 포함하도록 합니다. 비즈니스 플랜의 핵심 요소는 사업 자금

제공자나 후원자에게 접근할 때, 왜 자금이 필요하고 어떻게 쓰일 것이며 어떻게 환수할 것인지 명확하게 서술해야 한다는 점입니다.

사업 계획을 세울 때 또 다른 중요한 요소 중 하나로 전체 사업의 요약을 꼽을 수 있습니다. 대체로 사업 계획서의 첫 부분에 사업 요약을 배치하기는 하지만, 계획 첫 단계에서부터 이 부분을 쓰는 경우는 매우 드뭅니다. 그러므로 일단 계획 초안을 완성한 후에 요약을 쓰는 것이 좋습니다.

비즈니스 플랜 워크시트를 작성한 후에 다른 사람에게 검토를 부탁해봅니다. 이 과정을 통해 여러분이 미처 생각해보지 못했던 문제들을 발견할 수 있는 새로운 시각을 갖게 될 것 입니다.

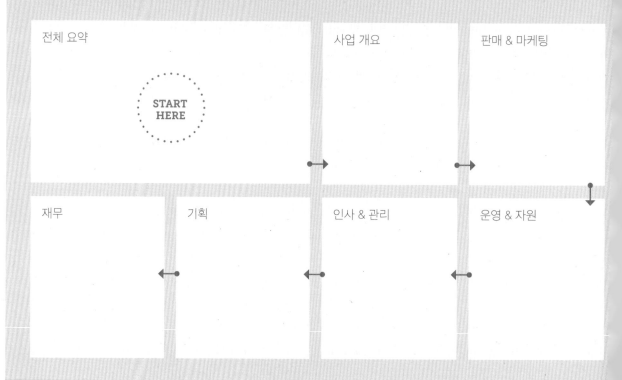

새로운 프로젝트에 착수하거나 현재 프로젝트를 확장시켜
프로젝트 수행 & 지속하기

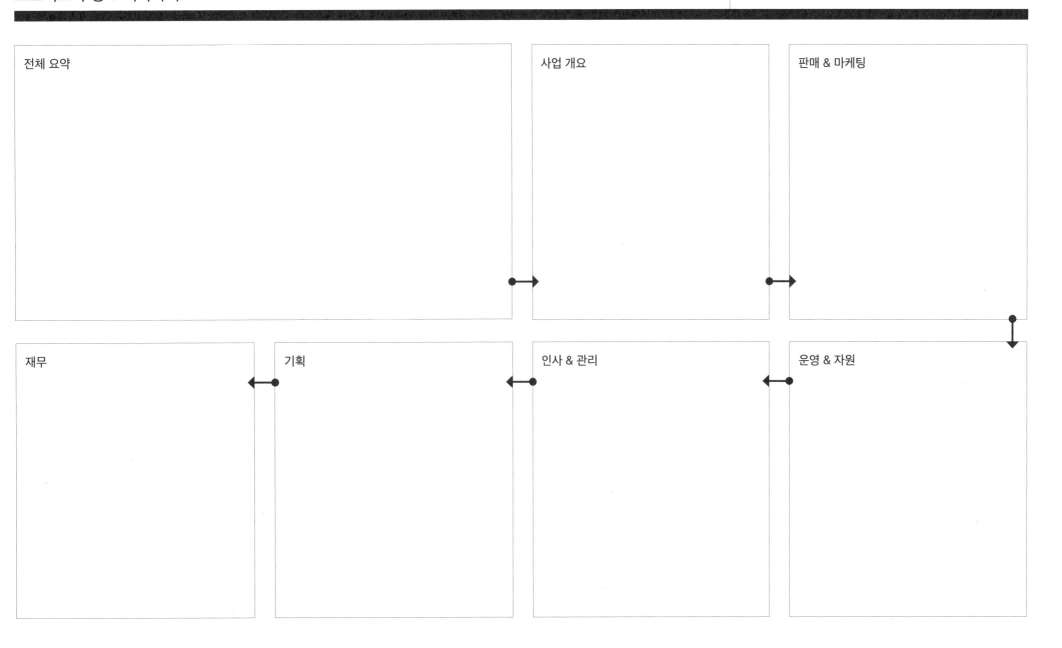

전체 요약

사업 개요

판매 & 마케팅

재무

기획

인사 & 관리

운영 & 자원

DIY
MEMO

규모를 키울 수 있는 다른 방법을 찾아보며 프로젝트 수행 & 지속하기

▽

확장 플랜   SCALING PLAN

이 툴은 상대적으로 복잡한 툴이므로 여러 날에 걸쳐 진행하는 것이 좋습니다. 인풋 · 아웃풋이
전략적으로 고려되어야 하기 때문에 경험자, 동료들과의 논의가 필요하며, 한 번 완성한 후 다시
수정하는 것이 좋습니다.

출처   Ali R., Mulgan G., Halkett R., Sanders B. (2007) In and out of sync: The challenge of
growing social innovations. London, Nesta.

어떤 효과가 있으며 언제 사용해야 할까요?

일단 프로젝트나 시범사업이 성공적으로 수행되면, 그 다음 단계는 이 성공을 기반으로 프로젝트를 지속시키는 동시에 규모를 키워나가는 것입니다. 이는 근본적으로 프로젝트의 대상 범위를 확대해나가는 것과 같습니다. 사업 규모를 확장시키는 방법에는 여러 가지가 있습니다. 다양한 대상 집단에 같은 프로젝트를 수행해보는 것에서부터, 같은 가치를 공유하는 다른 기관들과의 협업 또는 애초에 프로젝트를 통해 해결하고자 했던 문제를 넘어서 다른 문제로 범위를 넓이는 방법까지 매우 다양합니다.

사회적인 문제에 초점을 맞추는 기관들의 경우 사업 확장에 상대적으로 많은 어려움이 있을지도 모릅니다. 예를 들어 '무분별한 확장보다는 전략적인 확장'과 같은 확고한 목표 유지, 일회성의 보조금보다는 지속 가능한 자금 확보를 위한 비용 구조와 수익 협상, 입증할 수 있는 결과, 적절한 비용, 수용적인 청중, 효과적인 공급·수요 관리, 조직 변화와 더불어 조직, 파트너, 합병, 인수, 라이센스, 프랜차이즈와 같은 적절한 조직 형태 선정까지 고려해야 할 사항들이 많습니다.

프로젝트를 통해 얻고자 하는 필수적인 사회적 영향력을 잃지 않고 시범 사업 단계를 넘어 규모를 확장시키기 위해서는 추가적인 자원이 필요합니다. 여러분이 언제 어떻게 프로젝트를 확장하기로 결정할지와는 무관하게 여러분의 조직 내에서 사업 확장에 대한 공유 가치를 세우는 것이 우선입니다. **확장 플랜(Scaling Plan) 툴**을 통해서 주요한 내·외부 이해관계자들과 심도 있는 대화를 나눌 수 있습니다.

? 어떻게 활용하면 될까요?

이 워크시트를 통해서 프로젝트 자원을 평가하고 조직이 다음 단계로 나아갈 준비가 되어있는지를 알아볼 수 있으며, 동시에 사업 확장에 대한 비전을 공유하고 구축할 수 있습니다. 상황에 대한 평가를 바탕으로 사업을 확장할 준비가 되었는지, 어떤 부분이 강화 되어야 하고 더 많은 작업이 필요한지 판단할 수 있습니다.

이 워크시트는 팀원뿐만 아니라 잠재적 기부자, 목표 수혜자와 이해관계자까지 모두 사용할 수 있습니다. 이 워크시트는 5가지 핵심 분야로 나누어져 있는데, 이 각각의 분야들은 여러분의 조직이 규모를 확장시킬 준비가 되어있는지 분석할 때 고려해야 할 사항들입니다. 워크시트의 질문을 사용하여 여러분이 사업에 대하여 확실하게 알고 있는 것과 추가 조사가 필요한 것이 무엇인지 심도 있는 대화를 할 수 있을 것입니다.

워크시트를 채워 넣을 때는 개인적인 일화보다는 실제 데이터를 근거로 제시하는 것이 좋습니다. 이 과정을 통해서 미팅 전에 증거들을 미리 수집할 수 있습니다.

이 툴을 이용하여 워크시트 작업을 할 때, 가능한 한 철저하고 수용적이며 자기 비판적인 자세로 임하도록 합시다. 구체적으로 대답을 작성할수록 상황에 대한 여러분의 이해는 더 깊어질 것입니다.

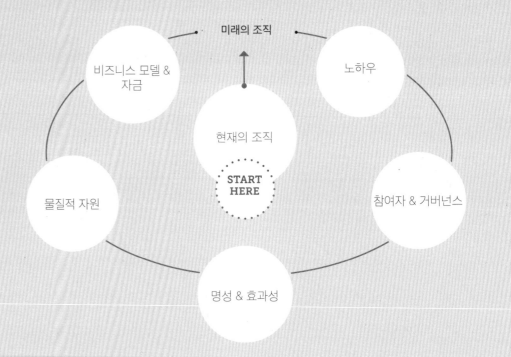

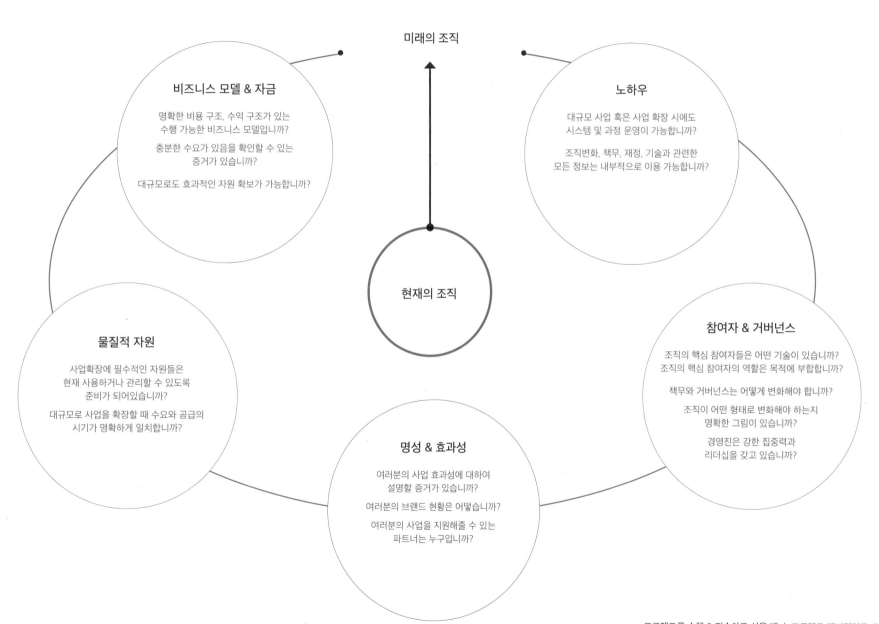

미래의 조직

비즈니스 모델 & 자금

명확한 비용 구조, 수익 구조가 있는
수행 가능한 비즈니스 모델입니까?

충분한 수요가 있음을 확인할 수 있는
증거가 있습니까?

대규모로도 효과적인 자원 확보가 가능합니까?

노하우

대규모 사업 혹은 사업 확장 시에도
시스템 및 과정 운영이 가능합니까?

조직변화, 책무, 재정, 기술과 관련한
모든 정보는 내부적으로 이용 가능합니까?

현재의 조직

물질적 자원

사업확장에 필수적인 자원들은
현재 사용하거나 관리할 수 있도록
준비가 되어있습니까?

대규모로 사업을 확장할 때 수요와 공급의
시기가 명확하게 일치합니까?

참여자 & 거버넌스

조직의 핵심 참여자들은 어떤 기술이 있습니까?
조직의 핵심 참여자의 역할은 목적에 부합합니까?

책무와 거버넌스는 어떻게 변화해야 합니까?

조직이 어떤 형태로 변화해야 하는지
명확한 그림이 있습니까?

경영진은 강한 집중력과
리더십을 갖고 있습니까?

명성 & 효과성

여러분의 사업 효과성에 대하여
설명할 증거가 있습니까?

여러분의 브랜드 현황은 어떻습니까?

여러분의 사업을 지원해줄 수 있는
파트너는 누구입니까?

혁신
조감도

이 책에서 다루는 DIY 툴킷
(Development Impact and You toolkit)은
행동 지향적인 실무자들을 위하여 특별히
고안되었습니다. 이 툴들은 현존하는
비즈니스 개발과 혁신, 디자인에 관한
여러 이론과 사례에서 비롯되었습니다.

이 책의 마지막을 장식하는 혁신 조감도
부분에서는 혁신 이론과 경영의 주요
맥락에 관한 조감도를 제공하며,
각 주제에 대하여 더 읽어볼 수 있는
자료를 참조 목록으로 제공합니다.

01 혁신의 단계

성공적인 혁신사례를 보면 그 과정이 마치 마술처럼 보이지만, 혁신을 미스터리로만 치부하는 것은 잘못된 생각입니다. 혁신은 단순하지 않고 예측 가능한 경우가 거의 없는 것은 사실이나, 실제로 일어나는 일을 유심히 살펴보면 전체적인 혁신 과정은 매우 구조화·시스템화 되어있음을 발견할 수 있습니다.

비록 실제 혁신은 매우 복잡한 과정들을 거쳐서 이루어지지만, 그 혁신의 과정에서 모두가 공통적으로 겪는 단계가 있습니다. 여기서 다룰 프레임워크는 아이디어를 실제로 어떻게 수행할 수 있는지, 각 단계마다 어떤 방법이 있고 어떠한 태도를 지녀야 하는지 알려줄 것입니다.

혁신의 7단계

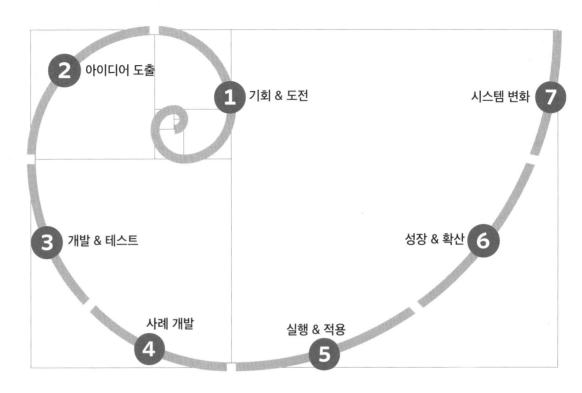

기회 & 도전 단계

위기, 새로운 증거, 영감 등과 같이 변화가 필요한 시점임을 알려주는 요소가 포함된 단계입니다. 이 단계에서는 문제의 근본 원인을 진단하거나 새로운 변화에서 얻을 수 있는 기회가 무엇인지 정의할 수 있습니다.

아이디어 도출 단계

대부분 처음 떠오르는 아이디어는 제대로 실현되기 어렵습니다. 하지만 이러한 과정을 끊임없이 반복하면 혁신적인 아이디어를 찾을 수 있습니다. 선택의 폭을 넓힐 수 있는 다양한 아이디어를 도출하기 위해 창의적인 방법을 사용해보도록 합니다.

개발 & 테스트 단계

활발한 비판은 새로운 아이디어를 만드는 데 많은 도움을 줍니다. 단순히 무작정 개발을 하거나 혹은 철저히 단계에 따라 프로토타입을 만들어보거나 임의로 환경을 제어하여 실험을 해보는 것도 좋습니다. 이를 통해 얻을 시행착오 경험은 여러분의 아이디어를 더욱 단단하게 만들 것입니다.

사례 개발 단계

아이디어를 실제로 실현해보기 전에, 여러분의 아이디어가 정말로 실행가능하며 이미 존재하는 다른 제품과 비교하였을 때 더 탁월하다는 점을 증명해야 합니다. 이를 뒷받침할 확고한 증거들을 구축하고 솔직하게 공유하는 단계입니다.

실행 & 적용 단계

여러분의 아이디어를 매일 실제 상황에서 테스트 해보는 단계입니다. 무엇이 제대로 작동하며 무엇이 제대로 작동하지 않는지를 확인하고, 혁신이 지속적으로 진행될 수 있도록 장기적으로 재정적인 안정을 유지할 수 있는 수입원을 파악해야 합니다.

성장 & 확장 단계

이 단계에서는 조직적인 성장에서부터 라이센싱, 프랜차이징까지 혁신을 증대시키고 파급력을 높이는 다양한 전략을 수행해보도록 합니다. 경쟁과 영감은 더욱 유기적이고 유연한 방법으로 아이디어를 확산시키는 데에 중요한 역할을 수행할 것입니다.

시스템 변화 단계

시스템의 혁신은 임팩트를 최대로 만들어낼 방법입니다. 이는 수많은 요소의 상호작용과 새로운 사고방식, 그리고 오랜 기간에 걸친 공공 부문과 민간부문에서의 변화를 통해 이룰 수 있을 것입니다.

[참고 자료]
- Caulier-Grice J., Mulgan G., Murray R., (2010)Open Book of Social Innovation. London, The Young Foundation, Nesta & The Lab. Available online from:
  http://www.nesta.org.uk/library/documents/Social_Innovator_020310.pdf
- Nesta (2013) Available online from:
  http://www.nesta.org.uk/develop-your-skills

02 증거의 사용

증거를 마련할 계획은 프로젝트 착수단계에서부터 세우도록 합니다. 모든 혁신가와 서비스 이용자, 투자자는 여러분의 상품이나 서비스가 실제로 긍정적인 변화를 만들고 있는지 판단할 수 있는 증거를 필요로 합니다. 의학 같은 분야에서는 증거를 매우 보편적으로 사용하고 있으며 그 증거를 통해 많은 것을 학습합니다. 규칙적이고 체계적인 증거 검토를 통해 가정을 점검하며, 지속적으로 임팩트를 창출하고 유지하기 위해 데이터를 사용할 수 있습니다.

각 기관에서도 프로젝트 진행과 의사결정에서 증거를 사용하는 것을 일반적인 것으로 받아들여야 합니다. 또한 현재 진행하는 프로젝트뿐만 아니라 과거의 프로젝트를 잘 이해함으로써 더 넓은 시각으로 성공을 평가하고 차용할 수 있도록 합니다. 다음 페이지에서는 이를 위해 네스타(Nesta)가 개발한 유용한 프레임워크를 소개합니다.

이 프레임워크는 여러 이해관계자에게 프로젝트 전반에서 어떤 변화가 이루어지고 있는지 보여줄 수 있도록 여러분이 세워야 할 다양한 증거 기준을 제시해줍니다.

5가지 단계

1 임팩트 설명
새로 출시하거나 개선시킨 제품과 서비스는 어떤 것이며 그것이 예상 아웃컴에 어떤 영향을 미치는지, 그리고 현재의 상황보다 개선될 점이 무엇인지 분명하게 설명하는 단계입니다.

2 상관관계
제품과 서비스를 사용하면서 발생하는 긍정적인 임팩트를 관찰할 수 있으나, 그 임팩트의 정확한 원인에 대해서는 확신하기 어려운 단계입니다. 이 단계에서는 전후 평가 설문을 진행하거나 패널 연구를 진행할 수 있습니다.

3 인과관계
제품과 서비스 이용자들 사이에서 발견된 긍정적인 변화의 증거들을 구축하는 단계입니다. 증거를 강화하기 위하여 무작위로 선정된 집단에서 제품과 서비스의 임팩트만 독립적으로 분리할 수 있는 방법을 생각해보도록 합니다.

4 독립적 재현
국제 기준이나 규격에 맞추어 다른 시장에서도 합리적인 가격에 제품이나 서비스의 긍정적 아웃컴을 기대할 수 있도록 독립적인 검토를 하는 단계입니다.

5 규모 확대
제품과 서비스가 합리적인 가격으로 다양한 시장에 진입하여 긍정적인 임팩트를 창출할 수 있음을 증명할 검증된 증거를 만들기 위하여, 다중 재현 평가나 미래 시나리오 분석 툴을 사용하도록 합니다.

	1 임팩트 설명	2 상관관계	3 인과관계	4 독립적 재현	5 규모 확대
증거 수준	여러분이 하고자 하는 일과 그 일의 중요성에 대하여 논리적으로, 일관성 있게, 설득력 있게 설명할 수 있습니다.	긍정적인 변화를 보여주는 데이터를 수집하였지만, 무엇이 그 변화를 일으키는지는 확신할 수 없습니다.	제어집단 혹은 비교집단을 통해 인과관계를 설명할 수 있습니다.	프로젝트의 결과와 그 결과가 반복 도출될 수 있음을 확인하기 위해 하나 이상의 독립평가를 진행하였습니다.	혁신을 반복할 수 있음을 보증해주는매뉴얼,시스템, 절차가 있습니다.
증거 수집 방법	여러분은 기존의 데이터나 연구결과를 이용하여 스스로 증거를 확보할 수 있어야 합니다. 변화이론 워크시트를 이용하여 여러분이 기대하는 결과에 어떻게 도달할 수 있는지 논리적으로, 일관성 있게, 설득력 있게 설명할 수 있을 것입니다.	혁신의 효과를 증명하는 데이터를 얻을 수 있지만, 직접적인 인과관계는 설명할 수 없는 단계입니다. 이전 단계에서 살펴보았던 많은 방법들은 참가자가 구조화된 조사에 참여하는 과정 또는 여러분이 개발하는 과정에 도움을 줄 것입니다.	인과관계를 알아내기 위하여 여러분의 프로젝트에 참여한 집단에서 얻은 증거와 참여하지 않았던 이들로 구성된 유사한 집단(제어집단)에서 알아낸 증거들이 필요할 것입니다. 여러분의 증거를 강화하기 위하여 두 집단 모두 무작위로 참여자를 선발해야 하며, 충분한 수의 참여자를 선발하도록 합니다.	여러분의 혁신이 임팩트를 창출해내는 이유와 방법을 설명해주고 정당성을 부여해주는 충분한 양의 독립 평가를 진행하여야 합니다. 또한 상용표준 혹은 산업별 인증제도와 같은 보증제도의 인증을 받을 수 있는 방법을 알아보아야 합니다.	여러분의 제품 혹은 서비스가 다른 사용자나 다른 지역에서도 원활히 사용될 수 있음을 보여주어야 합니다. 또한 긍정적인 임팩트를 창출하는 동시에 재정적으로도 지속 가능한 과정임을 증명해야 합니다. 따라서 결국에는 상황과 장소를 불문하고 이 과정과 아웃컴이 충실히 반영되는 평가 결과를 얻어야 할 것입니다.

[참고 자료]
- Puttick R. (2011) Ten Steps to Transform the Use of Evidence. London, Nesta.
  Available online from: http://www.nesta.org.uk/library/documents/TenStepsBlog.pdf
- Ludlow J., Puttick R. (2012) Standards of Evidence. London, Nesta.
  Available online from:http://www.nesta.org.uk/publications/nesta-standards-evidence
- Mulgan G., Puttick R. (2013) Making Evidence Useful: The Case for New Institutions. London, Nesta.
  Available online from: http://www.nesta.org.uk/library/documents/MakingEvidenceUseful.pdf
- DfID : Department for International Development (2013) How to note. London, Dfid.
  Available online from:http://bit.ly/dfid-evidence
- BOND for International Development (2013) Evidence Principles. London, BOND.
  Available online from: http://www.bond.org.uk/effectiveness/principles#download

03 사업 확장

사업 확장이란, 쉽게 말해 더 많은 이들을 여러분의 사업에 참여하게 하여 관심을 증대시키는 것입니다. 확장 방법으로는 다른 지역에서 동일한 사업을 진행하는 방법, 다른 기관들과 협력하는 방법 등 다양한 전략이 있습니다.

더 큰 임팩트를 창출하고자 사업 확장을 고려하고 있다면, 먼저 효과적인 확장 전략을 찾은 후에 자연스럽게 다음 단계로 넘어가는 것이 중요합니다. 이를 위하여 '여러분의 아이디어를 구매하고자 하는 소비자가 있나요?', '여러분의 아이디어가 다른 대체재보다 더 우수한가요?' 와 같은 질문을 통하여 유효수요와 유효공급에 대하여 생각해볼 필요가 있습니다.

그러나 아이디어를 확장하는 단계 대부분이 유효수요와 유효공급을 증가시키는 내용을 포함하고 있다고 하더라도, 우선순위에 따라 여러분의 전략이 매우 달라질 수 있습니다.

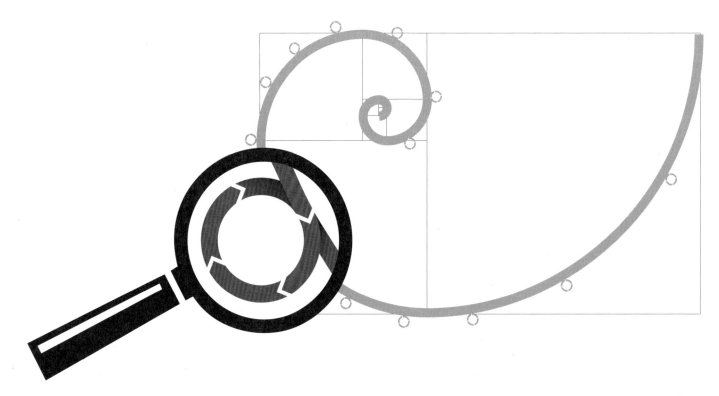

멀리 떨어져서 보면 혁신 사례들은 급진적으로 이루어진 변화처럼 보이지만, 가까이 다가가서 보면 작은 과정들이 모여 큰 결과를 이룬 것임을 알 수 있습니다. 혁신의 세부 단계들을 자세히 들여다보면 전체 혁신 과정을 위해 개발된 각각의 프로젝트가 모여 작은 나선형의 과정으로 구성되어 있음을 발견할 수 있을 것입니다.

[참고 자료]
• Ali R., Mulgan G., Halkett R., Sanders B. (2007) In and out of sync: the challenge of growing social innovations. london, nesta. available online from:
http://www. nesta.org.uk/publications/and-out-sync
• Cooley L., Kohl R. (2006) Scaling Up - From Vision to large-scale change: a Management framework for Practitioners. Washington, Management systems institute, John D. and Catherine T. MacArthur Foundation. Available online from:
http://www.msiworldwide.com/wp-content/uploads/scaling-Up-framework.pdf

⓪❹ 시스템 사고

'시스템'이라는 단어는 우리 사회·경제에서의 복잡하고 상호의존적인 기반시설 또는 규칙과 패턴을 모두 포함합니다. 이렇듯 서로 복잡하게 얽혀있는 시스템 안에서 특정 부분의 변화는 다른 부분에 영향을 미칠 수 있으며, 그러므로 복잡한 이슈의 경우 시스템 전반에서 변화와 혁신이 필요합니다.

'시스템 사고(systems thinking)'는 공공의 목적을 달성하고자 하는 다양한 요소와 혁신을 한 자리에 모으는 역할을 합니다. 한 조직이 큰 임팩트를 창출하기 위해 필요한 모든 역량과 자원을 보유하고 있는 경우는 아주 드뭅니다. 따라서 전반적인 시스템 변화를 이루는 혁신은 거의 대부분의 경우 네트워크 단체, 싱크탱크와 개발협력기관들의 지지와 파트너, 공급자, 유통자와의 연대를 통해 이루어집니다.

[참고 자료]
• Leadbeater C., Mulgan G. (2013) Systems Innovation Discussion Paper. London, Nesta. Available online from: http://www.nesta.org.uk/library/documents/Systemsinnovationv8.pdf
• Seddon J. (2013) Systems failure and Systems thinking. London, Nesta. Available online from: http://www.nesta.org.uk/blogs/systemic_innovation_a_discussion_series/systems_failure_and_systems_thinkin

툴킷 출처

❶ 혁신흐름도 _ INNOVATION FLOWCHART
Nesta (2013) Innovation Flowchart. Available online from:
http://www.nesta.org.uk/publications/innovation-flowchart

❷ 증거 계획하기 _ EVIDENCE PLANNING
Nesta (2009) Worksheet 2b: Evidence Modelling. In: Creative
Enterprise Toolkit. Available online from: http://www.nesta.
org.uk/publications/creative-enterprise-toolkit

❸ SWOT 분석 _ SWOT ANALYSIS
MindTools (1996) SWOT Analysis. Available online from:
http://www.mindtools.com/pages/article/newTMC_05.htm

❹ 비즈니스 모델 캔버스 _ BUSINESS MODEL CANVAS
Osterwalder A., Pigneur Y (2010) Business Model Generation.
Available online from: http://www.businessmodelgeneration.
com/downloads/business_model_canvas_poster.pdf

❺ 파트너십 구축 맵 _ BUILDING PARTNERSHIPS MAP
Tennyson R. (2003) 12 Phases in the Partnering Process,
p4. In: The Partnering Toolbook. Available online from:
http://www.toolkitsportdevelopment.org/html/resources/E1/
E1585B25-8A8A-44A9-BC6C-F519987AD2CE/pt-en.pdf

❻ 학습 사이클 _ LEARNING LOOP
IDEO (2011) Deliver: Create a learning plan, p145. In: IDEO,
Human Centered Design Toolkit. Edition - 2. London: IDEO.
Available online from: http://www.ideo.com/work/human-
centered-design-toolkit/

❼ 체험 여정 _ EXPERIENCE TOUR
Design Council (2011) Service Safari. In: Keeping Connected
Design Challenge. Available online from: https://www.
hvcollege.com/documents/technology/ServiceSafariActivity.
pdf

❽ 문제 정의 _ PROBLEM DEFINITION
Julier J., Kimbell L. (2012) Problem Definition. p30.
In: The Social Design Methods Menu. Available online
from: http://www.lucykimbell.com/stuff/Fieldstudio_
SocialDesignMethodsMenu.pdf

❾ 원인 다이어그램 _ CAUSES DIAGRAM
Namahn and Yellow Window Service Design, Design Flanders
(2012) Cause Diagram. In: Service design toolkit. Available
online from: http://www.servicedesigntoolkit.org/assets/
posters/workposter_causediagram_a1.pdf

❿ 변화 이론 _ THEORY OF CHANGE
Nesta (2011) Theory of Change. Available online
from: http://www.nesta.org.uk/library/documents/
TheoryOfChangeDiagram_Editable.pdf

⓫ 그림자 되어보기 _ SHADOWING
Lovlie L.,Reason B.,Polaine A. (2013) Service Design: From
Insight to Implementation. p54-p57. Rosenfeld Media

⓬ 인터뷰 가이드 _ INTERVIEW GUIDE
IDEO, Bill & Melinda Gates Foundation (2012) Develop an
interview approach p58. In: Human Centred Design Toolkit.
Available online from: http://www.hcdconnect.org/methods/
interview-techniques

⓭ 질문 사다리 _ QUESTION LADDER
Teachers College Columbia University (2012) Question. In:
Social Innovation Toolkit. Available online from: http://www.
socialinnovationtoolkit.com/question.html

⓮ 스토리 월드 _ STORYWORLD
Julier J., Kimbell L. (2012) Storyworld. p24. In:
The Social Design Methods Menu. Available online
from: http://www.lucykimbell.com/stuff/Fieldstudio_
SocialDesignMethodsMenu.pdf

⓯ 이해관계자 맵 _ PEOPLE & CONNECTIONS MAP
Namahn and Yellow Window Service Design, Design Flanders
(2012) Stakeholder Mapping. In: Service design toolkit.
Available online from: http://www.servicedesigntoolkit.org/
assets/posters/workposter_stakeholdermapping_a1.pdf

⓰ 타깃 그룹 _ TARGET GROUP
Nesta (2009) Worksheet 3a: Your Customers. In: Creative
Enterprise Toolkit. Available online from: http://www.nesta.
org.uk/publications/creative-enterprise-toolkit

⓱ 퍼소나 _ PERSONAS
Business Design Toolkit (2010) Personas. Available online
from: http://www.businessdesigntools.com/2011/12/
personas/

⓲ 사용자 & 솔루션 맵 _ PROMISES & POTENTIAL MAP
IDEO (2011) Deliver: Plan a pipeline of solutions, p135. In:
IDEO, Human Centered Design Toolkit. Edition - 2. London:
IDEO. Available online from: http://www.ideo.com/work/
human-centered-design-toolkit/

⓳ 크리에이티브 워크숍 _ CREATIVE WORKSHOP
Lovlie L.,Reason B.,Polaine A. (2013) Service Design: From
Insight to Implementation. p60. Rosenfeld Media

⓴ 빠른 브레인스토밍 _ FAST IDEA GENERATOR
Nesta (2013) Fast Idea Generator. Available online from:
http://www.nesta.org.uk/publications/fast-idea-generator

㉑ 생각 모자 _ THINKING HATS
de Bono, E. (1985) Six Thinking Hats. USA: Little, Brown and
Company. Available online from: http://www.debonogroup.
com/six_thinking_hats.php

㉒ 가치 맵핑 _ VALUE MAPPING
Nesta (2009) Worksheet 2a: Your Values. In: Creative
Enterprise Toolkit. Available online from: http://www.nesta.
org.uk/publications/creative-enterprise-toolkit

㉓ 개선 트리거(촉매제) _ IMPROVEMENT TRIGGERS
Eberle, B (1997) Scamper Worksheet. USA: Prufrock Press.
Available online from: http://bmgi.org/tools-templates/
scamper-worksheet

㉔ 프로토타입 테스트 계획 _ PROTOTYPE TESTING PLAN
Nesta (2011) Prototyping in Public Spaces. Available online
from: http://www.nesta.org.uk/publications/prototyping-
public-services

㉕ 경험 맵 _ EXPERIENCE MAP
Schneider J., Stickdorn M., (2010)The Customer Journey
Canvas. In: This is Service Design Thinking. Amsterdam:
BIS Publishers. Available online from: http://files.
thisisservicedesignthinking.com/tisdt_cujoca.pdf

㉖ 블루프린트(청사진) _ BLUEPRINT
Julier J., Kimbell L. (2012) Blueprint. p44. In: The
Social Design Methods Menu. Available online from:
http://www.lucykimbell.com/stuff/Fieldstudio_
SocialDesignMethodsMenu.pdf

㉗ 마케팅 믹스 _ MARKETING MIX
Nesta (2009) Worksheet 4a: Marketing Mix. In: Creative
Enterprise Toolkit. Available online from: http://www.nesta.
org.uk/publications/creative-enterprise-toolkit

㉘ 핵심과업 목록 _ CRITICAL TASKS LIST
Nesta (2009) Worksheet 4b: Critical Marketing Tasks. In:
Creative Enterprise Toolkit. Available online from: http://www.
nesta.org.uk/publications/creative-enterprise-toolkit

㉙ 비즈니스 플랜 _ BUSINESS PLAN
Gov.uk (2013) Write a Business Plan. Available online from:
https://www.gov.uk/write-business-plan

㉚ 확장 플랜 _ SCALING PLAN
http://www.nesta.org.uk/publications/and-out-sync

도움을 주신 분들

DIY 툴킷 제작 팀: Theo Keane, Brenton Caffin, Michael Soto (Nesta)
+ Ayush Chauhan, Rikta Krishnaswamy (Quicksand)
+ Geke van Dijk, Megha Wadhawan (STBY)

이 툴킷의 제작을 위해 세계 곳곳에 계신 많은 분들과 기관들의 도움을 받았습니다.

Aakash Sethi
Quest Alliance

Aaron Good
Innoweave

Adam Groves
One World

Adam Pike
Young Philanthropy

Aditya Dev Sood & Ekta Ohri
Center for Knowledge Societies

Andreas Karpati
UNDP Uzbekistan

Annemarie Naylor
Common Futures

Anusuya Banerjee
Jameel Poverty Action Lab

Arun Patre
SELCO Incubation Centre

Arvind Lodaya
Independent Design Practitioner

Ashmeet Kapoor
ISayOrganic

Ben Gallagher
Nike Foundation

Ben Reason
LiveWork

Chris Albon & Angela Oduor
Ushahidi

Chris Vanstone & Adele Liddle
TACSI

Christopher Fabian
Unicef Innovation

Dan Berelowitz
International Centre for Social
Franchising

Dan Radcliff
Bill and Melinda Gates Foundation

Deborah Szebeko
ThinkPublic

Dianne Denton
UNESCO

Faith Gonsalves
Music Basti

Faustina Gomez
Technology and Action for Rural
Advancement

Geetanjali Kumar
Development Alternatives

George Hodge
UNDP Armenia

Giulio Quaggiotto
UNDP Europe and the CIS

Heather Leson
Open Knowledge Foundation

Jack Graham
Year Here

Jacqueline Simmons
Teachers College Columbia University

Jennie Winhall
Participle

Joel Adriance
International Youth Foundation

John Owrid
IndexB

Jon Huggett
Social Innovation Exchange

Jonathan Wong
DFID

Karthik Chauhan
Clinton Health Initiative

Kate Chapman
Humanitarian Open Street Map

Kate Wareing
Oxfam, Programme Policy

Katharine Hibbert
Dot Dot Dot Property

Kristine Hovhannisyan
Oxfam Armenia

Lejla Sadiku
UNDP Kosovo

Louise Pulford
Social Innovation Exchange

Lucy Kimbell
Said Business School

Lucy McNab
Ministry of Stories

Maksym Klyuchar
UNDP Ukraine

Marc Stickdorn
This is Service Design Thinking

Matthew McStravick
HackneyShares

Megha Bhagat
NASSCOM Foundation

Nathan Cooke, Marielle Schweikhart,
Simon Dixon, Miranda Lewis &Dennis
Onyango
Sanergy

Nikita Dagar
Digital Green

Paula Dib
Trans.forma

Paula Gutierrez
The Hub Bogota

Pukar Malla
World Bank

Renata Mendes
SBCSol

Rikin Gandhi
Digital Green

Roger Swartz
Positive Deviance Initiative

Satbir Singh
Human Rights Initiative

Sean Lowrie
Start Network

Sean Miller
Nonon

Sergio Rivas
ACDI / VOCA

Shahina Bahar
British Red Cross

Subbiah Krishnaswamy
& Ravi Kommuri
Family Health International 360

Sujaya rathi & Jay Asundi
Center for Study of Science,
Technology and Ploicy

Tarun Markose
Teemac

Thea Aldrich
Random Hacks of Kindness

Urvashi Aneja
Center for Global Governance
and Policy, JSIA

Will Norman
The Young Foundation

Yi Wei
iDe Cambodia

크라우드펀딩에 참여해주신 분들

이 도서는 크라우드펀딩을 통해 다음과 같은 서포터님들의 후원으로 제작되었습니다.

Amy Min	Je-hyuk Lee	거북선	박은진	이호헌
Changhwan Yoon	Jeongwon Oh	괴산촌넘	박인정	이희진
Changmin Shin	Ji Young Jeon	권도윤	박준영	임대성
Coco N Juliet	Jieun Ahn	김대경	백다은	임승필
danduriu	Jiyoung Lee	김병환	서주희	정석원(Ted)
Eun Hee Chang	JungHun Baek	김선우	손용선	정성진
Hani Woo	Kyu-hee Kim	김승관	송다영	주지훈
hans	KyungMin Noh	김영아 Teana Kim	신승희	질문술사
HoSeok Shon	Lee Garam	김재인	신태순	짜장면
Hye Ran Lee	Minpyo Kim	김준섭	오재현	최 태현
Jaden Choi	natureisme	김지융(김범준)	용욱유	최성우
Jae Won Choi	Sanggil Yun	나마스떼루	용택 / 룡룡 / 만스	최정민
Jaemo Yang	Sangwook Jo	닭아	유승연	최환진
Jang-hyoung Lee	Seungcheol Back	박상희	유연규	최효석
Jay G.	Shinyoung Yun	박선용	유홍성	크리스탈
JeeHye Jun	stella1228	박성조	윤재은	홍경수
Jeeyong An	Sujung An	박성진	이용출	홍성욱
Jeeyong Park	Wonjin Kim	박양신	이제희	황지영
Jeffrey Kim	Yuhoon Jennifer Ki	박연수	이지연	황지효